나만의 영어 가이드북

ARRIVAL
MP3 무료
다운로드
12345

현지에서 바로 통하는
개정2판

여행영어회화

JPLUS

머리말

점차 세계화, 국제화 되어가는 이 시대에 가까이는 일본이나 중국을 비롯하여 미국, 캐나다까지 이제 다른 외국으로 여행하는 발걸음은 그다지 생소하지 않게 되었습니다. 순수한 여행이나 워킹홀리데이, 또는 직장인의 출장까지 빈번한 교류는 물론이고, 최근에는 초등학교나 중학교에서도 단체여행을 하는 경우도 늘고 있습니다.

이 책은 영어에 자신이 없는 사람이라도 안심하고 떠날 수 있도록 기본인사와 상황별 회화표현, 그리고 적절한 현지 정보와 주의할 점 등을 넣은 여행 회화책입니다.

특히 MP3 음원에는 한국어와 네이티브의 발음을 같이 들을 수 있어 교재없이 음원만 들어도 충분히 회화연습을 할 수 있게 하였습니다.

여행시 가이드가 같이 있다면 따로 영어를 할 수 있는 기회가 별로 없겠지만, 물건을 사거나 길을 물을 때, 호텔에서 혹은 자유시간에 거리에 나갔을 때, 전시회장이나 거래처에 들렀을 때와 같이 혼자서 해결해야 할 때 꼭 필요한 표현을 넣으려고 애썼습니다.

해외에 나가면 외국어가 자신이 없어서, 아무말도 못하고 본의 아니게 무뚝뚝한 사람이 되어 버리는 경우가 많습니다.

부디 이 책이 필요한 상황에서 도움이 될 수 있었으면 하고, 더불어 이 책이 영어를 익히는 계기가 되었으면 하는 기대도 해 봅니다.

목차 contents

07 쇼핑하기

08 은행우편

09 관광하기

10 즐기기

목차 contents

11 친구사귀기

12 업무출장

13 트러블

14 귀국

15 분야별 단어

01

서바이벌

출발하기 전에 꼭 알아야 할 정보와
여행을 즐겁게 하는 말 한마디

1. 이 정도는 알고 가야죠?

미국은 워낙 땅덩어리가 큰 탓에 각기 다른 지역을 여행하고자 할 때는 비행기편을 가장 많이 이용하는 편이다. 하지만 시간이 충분하면 비용을 절감하기 위해 멀지 않은 거리는 자동차로 여행하기도 한다.

미 대륙을 저렴한 비용으로 관광하고자 할 경우 가장 많이 이용되는 대중교통편으로 버스는 그레이하운드(Grayhound), 기차는 앰트랙(AmTrak)이 있다.

1. 고속버스 여행

그레이하운드 고속버스는 맨해튼 8-9애브뉴와 40-42스트릿 사이에 걸쳐 위치하고 있으며 연간 무려 5천 5백만 명의 승객을 실어 나르고 있는 명실공히 미국 최대의 고속버스 회사이다. 뉴욕에서 카지노 도시로 유명한 아틀란틱 시티까지는 직통 운행도 하고 있다.

》그레이하운드 인터내셔날 패스(International Ameripass) 가격

4 days :	$169.00
7 days :	$229.00
10 days :	$279.00
15 days :	$339.00

2. 기차여행

미국을 횡단하는 특급 기차는 AmTrak이라고 부른다.
앰트랙 기차는 맨해튼 7애브뉴와 33스트릿
선상에 위치하고 있는 Penn Station에서 승하차한다.
매표소 영업시간은 매일 5:15-22:00.
뉴욕에 도착해 미북동부 지역을 여행할 경우 Northeast Rail Pass를 구입하
면 비용을 절감할 수 있다. 이 패스는 버지니아주에서부터 캐나다 몬트리올
과 나이아가라 폭포까지 여행할 때 사용할 수 있다.

》 뉴욕에서 출발할 경우 각 도시간 기차표 가격(편도)

NY-Boston :	$35.00
NY-Chicago :	$99.50
NY-Washington D.C. :	$40.50
NY-San Francisco, CA :	$183.00

》 앰트랙 북동부 기차 패스 가격

5-Day Pass :	$145 Off-peak	$170 Peak
15-Day Pass :	$185 Off-peak	$205 Peak
30-Day Pass :	$225 Off-peak	$240 Peak

(＊가격은 현지 사정에 따라 변경될 수도 있음.)

＊Peak/Off-peak : 기차표 값은 시즌에 따라 가격이 달라진다. 이것을 크게
　　　　　　　　성수기(Peak)와 비성수기(Off-peak)로 나눌 수 있는데, 성
　　　　　　　　수기는 5월 28일에서 9월 6일까지, 비성수기는 그 외의 기
　　　　　　　　간을 말한다.

9

3. 뉴욕 관광

》 30분 동안 헬리콥터 타고 뉴욕 시내 관광을!

4~7인승 헬리콥터를 타고 뉴욕 전역의 상공을 누비며 관광을 즐길 수 있다.
가격은 30분 비행에 약 $288.00.
그 외에도 약 10분간 비행에 $99.00 정도 하는 프로그램도 있다.

스케줄　1월-2월 : 오전 9시에서 오후 7시까지 운행.

3월-12월 : 오전 9시에서 오후 8시까지 매일, 시간마다 운행.

》 유람선 타고 뉴욕 관광

허드슨 강변 42가, Pier 83에서 출발.
2시간 동안 강을 따라 맨해튼 일대를 관광하게 되며, 가격은 $29.00.
5세 미만 어린이는 무료.

스케줄 1월 2일-3월 26일 : 오전 10시, 오후 4시 하루 두 차례

(1-2월 사이에는 화,수요일 운행 없음. 3월에는 화요일 운행 없음)

》버스 타고 뉴욕 관광

그레이하운드 관광 버스는 47-48가 사이 8애브뉴 선상에서 출발한다.

다운타운과 업타운 버스 관광 비용은 $37.

예약은 필요없으나, 승차하는 장소에 최소한 30분 일찍 미리 도착하는 것이
좋다.

투어는 $16/8(어른/어린이)에서 시작해 $50까지 다양하다. New York
Apple Tours(전화 800-876-9868)는 맨해튼을 끊임없이 도는 낡은 2층 버스
투어를 제공한다(이틀에 $25/16).

11

2. 여행준비

★ 미국으로 여행갈 준비는 다 됐나요?

☑ 해외여행 필수품

- □ 여권·비자
- □ 항공권
- □ 약간의 현금
- □ 신용 카드
- □ 국제 학생증(학생의 경우)
- □ 숙소 바우처(호텔 예약 확인서)
- □ 필기도구
- □ 휴대폰 충전기
- □ 가이드북·지도·회화집

미국은 요즘 테러 위협이 높아진 탓에 외국인 여행자들에 대한 검문검색이 강화되어 있는 편이다. 그러므로 자신의 사진이 들어 있는 신분증을 최소한 두 가지 이상 지참하고 다니는 것이 좋다.

사진이 들어 있는 신분증으로 가장 요긴하게 쓰이는 것은 여권이며, 여권을 분실했을 경우 운전면허증으로 대치할 수 있다.

미국인들은 현찰보다는 카드 사용이 보다 보편화되어 있으므로, 웬만한 대소형 판매업소에서는 10달러 미만의 작은 금액이라도 카드 결재가 가능하다. 하지만, 위험하게 카드를 많이 소지하기보다는 현금지급이 가능한 은행카드를 한 두 개 정도 가지고 다니는 것이 안전하고 편리하다.

＊ Duane Reade, Target, Key-Food, CVS, Rite-Aid

이런 가게들은 대형 잡화상들로 뉴욕 시내 곳곳에서 눈에 띈다. 이런 잡화상들을 미국에서는 drugstore라고 한다.

이곳엔 여행자들에게 필요한 각종 물품들, 즉 약품류, 아기용품, 스낵류, 세면용품, 학용품, 화장품 등을 모두 한자리에서 구입할 수 있다.

하지만 설사약, 항생제, 피임약, 수면제 등의 비상약품은 한국과 달리 의사의 처방이 없으면 약국에서 구입할 수 없는 것이 많으므로, 간단한 비상약품은 복용하던 것으로 한국에서 챙겨 오는 것이 좋다.

⭐ 미국 각 지역의 날씨

❶ 서해안 지역

로스앤젤레스, 샌프란시스코, 시애틀 등의 도시가 위치하고 있는 캘리포니아, 오레곤, 워싱턴 주 등은 서부 태평양 연안 지역에 속한다. 이 지역은 지중해성 기후로 1년을 통틀어 기온의 큰 변화가 없이 따뜻한 편이며, 4월에서 10월 사이에는 거의 비가 내리지 않고 겨울에만 비가 약간 내리며 대체로 따뜻한 편이다. 단, 샌프란시스코는 예외적으로 여름에도 서리가 내리는 경우가 있어, 스웨터가 필요할 수도 있다.

❷ 북동부 지역

뉴욕, 보스턴, 필라델피아 등 대도시가 밀집해 있는 북동부 지역은 습도가 높은 대륙성 기후 지역으로, 봄 가을이 짧고 여름은 더우며 겨울에는 눈이 많고 춥다. 여름에는 40°C가 넘는 무더운 날씨가 계속되기도 하는 반면, 겨울에는 영하 10°C 이하가 되는 날이 많다.

❸ 남서부 지역

애리조나, 뉴멕시코 등 남서부 지역은 대체로 산악지대이므로 봄이나 여름에는 기온이나 습도가 그다지 높지 않은 편이다. 1년 내내 비가 거의 오지 않고 건조하며 낮과 밤의 일교차가 큰 사막지역 기후를 보이기도 한다.

❹ 남부 지역

올랜도, 마이애미 등이 있는 플로리다와 텍사스, 조지아 주를 비롯한 남부 지역은 1년 내내 비가 많고 습도가 높은 편이다. 특히 여름에는 천둥을 동반한 집중호우나 허리케인이 발생해 큰 피해를 내기도 한다.

❺ 내륙 지역

라스베가스 등의 내륙 사막지대는 기온의 일교차와 연교차가 매우 심하다. 계절에 상관없이 30℃ 이상의 일교차가 나고, 겨울에는 -10℃ 이하로 떨어진다.

❻ 5대호 (Big 5 Lakes) 지역

시카고, 디트로이트 등이 속하는 5대호 지역은 전형적인 대륙성 기후를 띤다. 여름에도 서늘하고 겨울에는 상당히 춥다. 밤낮의 기온차도 큰 편이다. 여름에 천둥과 회오리바람을 동반하기도 한다.

1. 미국의 인구분포와 면적

미국은 육지상으로는 캐나다와 멕시코를 접하고 있으며, 양쪽으로 북태평양과 북대서양에 접해 있는 나라이다. 정식 국가명은 미합중국(The United States of America - U.S.A.)인데, 이는 50개의 주들이 연방 형태로 합쳐져 이루어진 국가임을 뜻한다.

가장 최근에 실시된 2000년 인구 센서스 통계에 따르면 미국의 현재 인구 수는 276,059천명이며, 이 중 뉴욕에 738만명, L.A.에 355만명, 시카고에 272만명, 휴스톤에 174만명, 필라델피아에 147만명이 거주하고 있는 등 대도시에 많은 인구들이 밀집해 있는 것으로 나타났다.

센서스 통계상에 나타난 인종 비율을 보면, 백인이 80% 이상으로 여전히 압도적인 주류를 이루고 있고, 그 뒤를 이어 흑인이 12%, 아시아계가 2.9%를 차지하고 있는 것으로 나타났다.

미국의 면적은 총 9,372,610km2이며, 이 중 가장 큰 주는 150만km2의 면적을 가진 알래스카(Alaska)주이다. 미국에서 가장 큰 주인 알래스카 주는 1867년 러시아로부터 불과 720만 달러라는 헐값에 사 들인 곳이기도 하다.

미국은 산림지대, 사막지대, 산지, 고원, 평야 등을 고루 다양하게 갖추고 있는 지형적 특징을 가지고 있다.

2. 미국의 표준 시간대

미국은 땅덩어리가 큰 만큼 같은 나라 안에서도 지역에 따라 표준 시간대가 각기 다르다. 따라서 멀리 떨어져 있는 알래스카를 제외한 대륙에서만 4개의 표준 시간대가 존재하고 있다. 이 시간대는 서쪽으로 갈수록 한시간씩 늦어지는 형태로, New York과 L.A.의 경우, 두 도시간의 시차는 3시간이나 된다. 이로 인해 전국을 대상으로 방송할 경우, 흔히 동부 시간, 태평양 시간 등으로 어느 표준 시간대에 준한 시간을 말하는 것인지를 반드시 함께 밝혀주는 것을 흔히 볼 수 있다.

· 동부 시간대　　　Washington D.C., New York, Boston 등
· 중부 시간대　　　Chicago, Dallas, Houston 등
· 산악 시간대　　　Denver, Phoenix 등
· 태평양 시간대　　San Francisco, Los Angeles, San Diego, Seattle 등

3. 미국의 지역별 기후

❶ 동부

동부 지역에는 뉴 잉글랜드로 흔히 통칭되는 메인, 뉴 햄프셔, 버몬트, 매사추세츠, 로드 아일랜드, 커네티컷 주를 비롯해, 뉴욕과 뉴저지, 워싱턴 D.C. 등이 포함된다.

이 지역은 대체적으로 겨울철에는 혹독한 추위와 함께 눈도 많이 내리는 편이지만, 비교적 기후가 온난한 편이며, 한국의 4계절과 비슷하다.

뉴 잉글랜드에 속하는 6개 주는 비록 크기는 텍사스 주의 3분의 1 정도에 불과하지만, 미국이 영국으로부터 독립하는데 있어 가장 큰 역할을 한 지역이기도 하며, 학문과 교양을 중요시 여기는 지역으로 알려져 있기도 하다. 하버드, 예일대학 등 명문대학들이 동부 지역에 많이 자리잡고 있다.

❷ 서부

워싱턴 주와 오레곤 주가 속하는 미국의 서부 지역은 대체적으로 겨울에 온난한 편이지만, 캘리포니아 주 남부는 겨울에도 무더운 기후가 계속되며, 특히 샌프란시스코 일대는 건조하고 온화한 기후 양상을 띠고 있기도 하다.

❸ 중부

대륙성 기후를 보이는 미국의 중부 지역에 속하는 대도시로는 시카고가 대표적이다. 이 지역은 겨울에는 아주 춥고, 여름에는 아주 더운 대륙성 기후를 뚜렷이 나타내고 있다. 미국 중부지역에 자리잡고 있는 미네소타 주 5대호의 영향으로 주변의 도시들이 크게 발달하였으며, 풍부하게 생산되는 자원을 바탕으로 한 공업과 산업 또한 잘 발달되어 있는 지역이기도 하다.

안녕하세요? (아침인사)

Good morning.
굿 모닝

안녕하세요? (낮 인사)

Good afternoon.
굿 애프터누운

> Good afternoon.

안녕하세요? (밤 인사)

Good evening.
굿 이브닝

안녕히 주무세요. (잠자기 전에)

Good night.
굿 나잇

안녕! (일반적인 인사)

Hi!
하이!

잘 지내십니까?

How are you doing?
하우 아 유 두잉?

잘 지내셨습니까?

How have you been?
하우 해뷰 빈?

처음 뵙겠습니다.

How do you do?

하우 두 유 두?

만나서 반갑습니다.

I'm pleased to meet you.

아임 플리즈드투 밋츄

저야말로.

The same goes for me.

더 쎄임 고우즈 포 미

그럼, 또 만나요.

Well, I'll see you around.

웰, 아일 씨 유 어롸운드

안녕히 가세요.

Bye-bye.

바이-바이

살펴 가세요. (자동차로 온 사람에게)

Drive carefully.

드롸이브 케어플리

신세 많이 졌습니다.

Thanks for all your help.

땡쓰 포 올 유어 헬프

실례합니다. (사람을 부를 때)

Excuse me.

익스큐즈 미

누구 계세요? (가게에 들어가면서)

Is there anybody here?

이즈 데얼 애니바디 히얼?

누구 계세요? (집을 찾아갔을 때 현관에서)

Is there anybody home?

이즈 데얼 애니바디 홈?

실례합니다만…

Sorry to trouble you, but...

쏘리 투 트러블 유, 벗…

잠깐 좀 여쭤 보겠는데요.

Excuse me, may I ask you a question?

익스큐즈 미, 메이 아이 애스큐 어 퀘스쳔?

잠깐만요.

Just a second, please.

저스터 세컨, 플리즈

잠깐 괜찮으세요? (말을 걸 때)

Could I have a moment of your time, please?

쿠다이 해버 모먼토브 유어 타임, 플리즈

6. 감사 · 사과 표현

미안해요.

I am sorry.
아이 앰 쏘리

죄송합니다.

Pardon me.
팔든 미

죄송해요. (발을 밟았을 때)

I am sorry.
아이 앰 쏘리

앗, 실례. (말하다가 갑자기 재채기를 할 때)

Oops! Excuse me.
웁스! 익스큐즈 미

괜찮아요.

It's all right.
이츠 올 롸잇

감사합니다. (이 두 문장을 함께 붙여서 흔히 감사의 뜻을 표함)

Thank you. I appreciate it.
땡큐. 아이 어프리쉬에이릿

천만에요.

Don't mention it.
돈 멘셔닛

🎧 MP3 01-7

■ 어서 오십시오.

Thank you for shopping at our store.
땡큐 포 쇼핑 앳 아우어 스토어

이건 / 저건 뭐예요?

What is this / that?
왓 이즈 디스 / 댓?

얼마예요?

How much is it?
하우 머춰 이즈 잇?

할인 됩니까?

Is there a discount?
이즈 데어러 디스카운트?

더 싸게는 안 되나요?

Is this the lowest price?
이즈 디스 더 로위스트 프라이쓰?

그것 좀 보여 주세요.

Can I see that, please?
캔 아이 씨 댓, 플리즈?

이거 주세요.

I will take this one.
아이 윌 테익 디스 원

8. 길을 물어볼 때

서바이벌

여기가 어디예요?

What is this place?

왓 이즈 디스 플레이스?

여기가 타임스 스퀘어역 인가요?

Is this the Times Square Station?

이즈 디스 더 타임스 스퀘어 스테이션?

그곳은 어디에 있어요?

Where is that located?

웨얼 이즈 댓 로케이리드?

역은 어떻게 가면 되죠?

How do I get to the station?

하우 두 아이 겟 투 더 스테이션?

그곳에 가는 길을 좀 가르쳐 주세요.

Can you tell me how to get there?

캔 유 텔 미 하우 투 겟 데얼?

죄송하지만, 약도를 좀 그려 주시겠어요?

Would you mind writing down the directions?

우쥬 마인 롸이링 다운 더 디렉션즈?

저도 잘 모릅니다.

I don't know much about it, either.

아이 돈 노우 머취 어바우릿, 이더

23

누구세요?

Who is there?
후 이즈 데얼?

몇 개요?

How many?
하우 매니?

몇 살이에요?

How old are you, if you don't mind?
하우 올드 아 유, 이프 유 돈 마인드?

어느 쪽이죠?

Which direction is it?
위치 디렉션 이즈 잇?

그곳은 어디에 있습니까?

Where is that place?
웨얼 이즈 댓 플레이스?

어디서 오셨어요?

Where are you from?
웨어라 유 프롬?

이름이 어떻게 되세요?

May I ask your name?
메이 아이 애스크 유어 네임?

언제요?

When is that?

웬 이즈 댓?

왜요?

Why is that?

와이 이즈 댓?

지금 몇 시예요?

Do you have the time?

두 유 해브 더 타임?

가능합니까?

Is it possible?

이즈 잇 파써블?

괜찮습니까?

Are you okay?

아 유 오케이?

상관없나요?

Is it okay with you?

이즈 잇 오케이 위듀?

한국말 아세요?

Do you speak Korean?

두 유 스픽 코리언?

부탁드릴 것이 있습니다.

I need to ask you a favor.

아이 닛 투 애스큐 어 페이버

좀 물어봐도 될까요?

Can I ask you a question?

캔 아이 애스큐 어 퀘스천?

괜찮습니다.

It's all right.

이츠 올 롸잇

LEARN
HOW TO
SAY
"NO"

좋아요.

Fine.

파인

네, 그렇게 하세요.

Yes, that's good.

예스, 댓츠 굿

상관없습니다.

It doesn't matter.

잇 더즌 매러

알겠습니다.

I got it. / I see.

아이 가릿 / 아이 씨

저도 잘 몰라요.

I don't know much either.

아이 돈 노우 머취 이더

그건 좀 어렵겠는데요.

That would be difficult for me.

댓 우드 비 디피컬트 포 미

거절하겠습니다.

I have to decline.

아이 햅 투 디클라인

그건 안돼요.

That is not possible.

댓 이즈 낫 파써블

지금 좀 바빠서요

I'm in a hurry.

아임 이너 헐리

어쩔 수 없네요(그렇게 하겠어요).

Well, I don't have a choice.

웰, 아이 돈 해버 초이스

됐습니다. (거절)

No, thanks.

노, 땡쓰

🎧 MP3 01-11

네. / 아니오.

Yes. / No.

예스 / 노우

네, 맞아요.

Yes, you are right.

예스, 유 아 롸잇

아뇨, 아닌데요.

No, that's not it.

노우, 댓츠 나릿

됐습니다. (거절)

No, thank you.

노, 땡큐

좋아요.

That's good.

댓츠 굿

싫어요.

I don't like it.

아이 돈 라이킷

영어 잘 몰라요.

I don't speak good English.

아이 돈 스픽 굿 잉글리쉬

02

기내에서

설레는 마음으로 비행기를 타셨나요?
이제 실전으로 들어가는 거죠!

■ 좌석표를 보여 주시겠습니까?

May I see your ticket?

메이 아이 씨 유어 티킷?

제 자리는 어디예요?

Where can I find my seat?

웨얼 캔 아이 파인 마이 씻?

이거 기내에 들고 들어가도 돼요?

Can I carry this on (to the airplane)?

캔 아이 캐리 디스 온(투 디 에어플레인)?

■ 일행이십니까?

Are you together?

아 유 투게더?

저 사람과 일행인데, 자리를 좀 바꿔 주실래요?

I'm with him. Do you mind switching the seat with me?

아임 위드 힘 두 유 마인 스위칭 더 씻 위드 미?

가방 올리는 것 좀 도와 주세요.

Can you help me with this bag, please?

캔 유 헬프 미 위드 디스 백, 플리즈?

좀 지나갈게요.

Excuse me, but I need to get past.

익스큐즈 미, 버라이 닛 투 겟 패스트

곧 이륙하겠습니다.
The airplane
will depart shortly.

구명조끼	vest	베스트
금연	no smoking	노 스모킹
기장	pilot	파일럿
당기다	pull	풀
밀다	push	푸쉬
비상구	emergency exit	이멀젼씨 엑싯
비즈니스 클래스	business class	비즈니스 클래스
산소마스크	air mask	에어 매스크
스튜어디스	flight attendant	플라잇 어텐던트
승객	passenger	패신져
안전벨트	seat belt	씻 벨트
위생봉투	sanitary envelope	쎄너터리 엔벨롭프
이코노미 클래스	economy class	이카너미 클래스
현지시각	local time	로컬 타임
화장실	lavatory	래버토리

■ 음료 드시겠습니까?

Would you care for something to drink?
우쥬 케어 포 썸띵 투 드링크?

커피 / 주스 / 생수 주세요.

coffee, please.

Coffee / Juice / Bottled Water, please.
커피 / 주스 / 바를드 워러, 플리즈

커피 한 잔 / 맥주 하나 더 주세요.

May I have another coffee / beer?
메이 아이 햅 어나더 커피 / 비어?

아뇨, 됐어요.

No, thanks. That's fine.
노, 땡쓰. 댓츠 파인

저, 냅킨 좀 주세요. (커피를 쏟았을 때)

Excuse me, but could I have some napkins, please?
익스큐즈 미, 벗 쿠다이 햅 썸 냅킨즈, 플리즈?

■ 치워 드리겠습니다.

I'll clean up for you.
아일 클리넙 포 유

이건 무슨 고기예요?

What kind of meat is this?
왓 카인더브 밋 이즈 디스?

🎧 MP3 02-3

3. 기내시설 이용하기

화장실 가도 돼요?

May I use the lavatory?

메이 아이 유즈 더 래버토리?

(비행기의 경우 lavatory라고 표기하지만, 일반적으로 여자 화장실은 ladies'room, 남자 화장실은 men's room이라고 함.)

이어폰 좀 갖다 주세요.

Could I have an earphone?

쿠다이 해번 이어폰?

독서등 좀 켜 주실래요?

Can you turn the reading light on for me?

캔 유 턴 더 리딩 라잇 온 포 미?

신문 있어요?

Do you have newspapers?

두 유 햅 뉴스페이퍼스?

모포랑 베개 좀 갖다 주세요.

May I have a blanket and a pillow?

메이 아이 해버 블랭킷 앤 어 필로우?

■ 벨트를 매 주세요.

Please fasten your seat belt.

플리즈 패슨 유어 씻 벨트

등받이를 세워 주세요.

Please return your seat to the upright position.

플리즈 리턴 유어 씻 투 디 업롸잇 퍼지션

기내에서

🎧 MP3 02-4

입국 카드 필요하신 분?

Who needs an entry card?

후 니즈 언 엔트리 칼드?

한 장 주세요.

May I have one?

메이 아이 햅 원?

면세품 지금 살 수 있어요?

Can I buy the duty-free now?

캔 아이 바이 더 듀리 프리 나우?

면세 쇼핑 목록 좀 보여 주세요.

Could I have the duty free shopping catalog?

쿠다이 해브 더 듀리 프리 쇼핑 캐더로그?

이걸로 하나 주세요.

I would like to have this one.

아이 우드 라익 투 햅 디스 원

카드도 돼요?

Do you accept credit cards?

두 유 액셉트 크레딧 칼즈?

면세점보다 싼가요?

Is it cheaper than the duty free shop?

이즈 잇 취퍼 댄 더 듀리 프리 샵?

■ 손님, 무슨 일이세요?

Sir, (or Ma'am), what's the matter?
썰, (맴) 왓츠 더 매러?

저 속이 좀 안 좋아요.

My stomach doesn't feel good.
마이 스터먹 더즌 필 굿

토할 것 같아요. / 멀미가 나요.

I feel like throwing up. / I feel nausea.
아이 필 라익 쓰로윙 업 / 아이 필 너지어

멀미약을 좀 주세요.

Could I have some airsickness medicine?
쿠다이 햅 썸 에어씩니스 메디쓴?

추워요. 모포를 좀 주세요.

I'm chilly. Please bring me some blankets.
아임 칠리 플리즈 브링 미 썸 블랭킷츠

냉수 한 잔만 좀 갖다 주실래요?

Could you bring me a glass of cold water?
쿠쥬 브링 미 어 글래소브 콜드 워러?

짙은 안개로 인해 1시간 연착입니다.

There will be an hour delay due to the thick fog.
데얼 윌 비 언 아우어 딜레이 듀 투 더 띡 포그

기내에서

35

☆ 입국카드 작성법

* 입국카드 Arrival Record

1. Family Name 성

2. First Name 이름

3. Birth Date 생년월일(dd/mm/yy. 일/월/년 순으로 작성함.)

4. Country of Citizenship 국적

5. Sex(Male or Female) 성별(남녀)

6. Passport Number 여권번호

7. Airline and Flight Number 항공사 이름 및 편수

8. Country where you live 살고 있는 나라

9. City where you boarded 탑승 도시

10. City where visa was issued 비자를 받은 도시

11. Date Issued. (Date/Month/Year) 비자를 받은 날짜(일/월/년)

12. Address while in the United States. (Number and Street)
    미국에서 머무는 곳의 주소

13. City and State 머무는 도시와 주

* 출국 카드 Departure Record

14. Family Name 성

15. First Name 이름

16. Birth Date (dd/mm/yy) 생년월일(일/월/년)

17. Country of Citizenship 국적
    (한국은 South Korea로 표기함.)

03

공항에서

비행기에서 내리면 입국 심사대로 안내를 받습니다.
한국인이 많이 가는 곳은 한국어 안내판이 보이기도 해요.

⌂ MP3 03-1

■ 여권을 보여 주세요.

Let me see your passport, please.

렛 미 씨 유어 패스폴트, 플리즈

Let me see your passport, please.

■ 여행 목적은 무엇입니까?

What is the purpose of your visit?

왓 이즈 더 펄포스 오브 유어 비짓?

관광입니다 (단체관광 / 출장 / 유학 /홈스테이).

I am going on a tour(group tour / business trip / study / home stay).

아이 엠 고잉 오너 투어 (그룹 투어 / 비즈니스 트립 / 스터디 / 홈 스테이)

■ 얼마나 체류할 예정입니까?

How long do you plan to stay?

하우 롱 두 유 플랜 투 스테이?

3일간입니다. (일주일 / 한 달 / 6개월)

For three days(a week / a month / six months).

포 쓰리 데이즈 (어 윅 / 어 먼쓰 / 식스 먼스즈)

■ 어디서 머무실 거죠?

Where do you plan to stay?

웨얼 두 유 플랜 투 스테이?

메리엇 호텔에서 머물 거예요.

I plan to stay at the Merriott Hotel.

아이 플랜 투 스테이 앳 더 메리엇 호텔

공항에서

useful word

● 미국에 입국하기 위해선 다음과 같은 입국 절차가 필요하다.

1. 입국 심사 : 여권, 출입국 신고서(passport, form I-94)

2. 짐 찾기(baggage claim)

3. 세관 검사 : 세관 신고서(customs declaration form)

입국심사	immigration interview	이미그래이션 인터뷰
미국인	U.S citizen	유 에스 씨리즌
외국인	visitor	비지터
여권	passport	패스폴트
비자	visa	비자
수화물	baggage	배기쥐
귀국 항공권	return airplane ticket	리턴 에어플레인 티켓
검역	quarantine	쿼런틴
수화물표	baggage check	배기쥐 책

Tip 입국심사

입국 심사는 미국인 시민권자와 비시민권자가 받는 심사대가 다르다. 미국인 시민권자가 아닌 경우는 모두 visitor 쪽에 가서 받아야 한다.

입국심사가 끝나면 심사관이 여권에 도장을 찍고, 미국에 머물 수 있는 날짜를 기입해 준 다음, 출입국 신고서(form I-94) 절반을 찢어 가져 간다. 나머지 절반은 여권에 끼워 주는데 이것은 출국시 항공사 check-in counter에서 회수하므로 잃어버리지 않도록 주의해야 한다.

수화물을 찾고 나면 세관 검사대(customs inspection)를 통과해야 한다. 별다른 의심나는 점이 없을 경우 짐 검색은 하지 않고, 대신 세관 신고서(customs declararion form)만 받고 통과시킨다.

`

🎧 MP3 03-2

짐은 어디서 찾죠?

Where can I find my baggage?

웨얼 캔 아이 파인 마이 배기쥐?

가방을 잃어버렸어요.

I lost my baggage.

아이 로스트 마이 배기쥐

제 가방이 아직 안 나왔어요.

My baggage is not here yet.

마이 배기쥐 이즈 낫 히어 옛

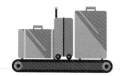

계속 기다렸는데, 안 나왔어요.

I've been waiting, but it's still not here.

아이브 빈 웨이링, 벗 잇츠 스틸 낫 히어

■ 어떤 종류의 가방이죠?

What kind of baggage is it?

왓 카인더브 배기쥐 이즈 잇?

파란색 보통 여행가방입니다.

It's a regular suitcase in blue.

잇츠 어 레귤러 숫케이스 인 블루

찾으면 이쪽으로 연락 주세요.

If you find it, please contact me at this number.

이퓨 파인딧, 플리즈 컨택 미 앳 디스 넘버

MP3 03-3

3. 세관

■ 신고하실 것 있습니까?

("Customs Inspection"이라고 쓰여진 곳으로 가서 줄을 서서 기다린다.)

Do you have anything to report?

두 유 햅 애니띵 투 리폴트?

■ 술이나 담배를 갖고 있나요?

Do you have alcohol or cigarettes?

두 유 햅 앨코홀 오어 시거렛츠?

없습니다.

No, I don't have it(them).

노 아이 돈 해빗(뎀)

■ 가방을 열어 주세요.

Please open your suitcase.

플리즈 오픈 유어 숫케이스

■ 이건 뭐예요?

Can you tell me what this is?

캔 유 텔 미 왓 디스 이즈?

선물(라이터 / 카메라 / 복용약)입니다.

It's a present(a lighter / a camera / an oral medicine).

잇츠 어 프레즌트(어 라이터 / 어 캐머러 / 언 오럴 메디쓴)

개인소지품이에요.

These are my personal belongings.

디즈 아 마이 펄스널 빌롱잉즈

4. 공항에서 시내로

🎧 MP3 03-4

맨해튼까지 어떻게 가면 돼요?

How do I get to Manhattan from here?

하우 두 아이 겟 투 맨해튼 프롬 히얼?

셔틀버스는 어디서 타나요?

Where can I catch a shuttle bus?

웨얼 캔 아이 캐취 어 셔틀 버스?

지하로 내려가야 하나요?

Do I have to go to the underground level?

두 아이 햅 투 고 투 더 언더그라운드 레블?

매표소는 어디에 있어요?

Where can I find the ticket booth?

웨얼 캔 아이 파인 더 티킷 부스?

Tip **뉴욕 TFK 공항에서 맨해튼으로 갈 수 있는 차편**

NY Airport Service Express Bus
오후 7시까지 매 30 분 간격으로 운행.
교통상태에 따라 대개 90분 소요가격은 1인당 $13.

Taxi
택시 대기소에서 24시간 이용 가능.
교통 상태에 따라 대개 40-60 분 소요.
$35 정찰제 + 톨게이트 비&팁(총 $45 정도. 팁은 $5-6 정도.)
문의는 택시 대기소에 있는 유니폼 차림의 배차원에게 문의할 수 있다.

5. 환승

■ 시애틀로 가는 비행기를 타야 합니다. (안내원의 말)

You must board a plane going to Seattle.

유 머스트 볼드 어 플레인 고잉 투 시애를

환승객은 어디로 나가면 되죠?

Could you tell me where can I transfer?

쿠쥬 텔 미 웨얼 캔 아이 트랜스퍼?

예정대로 출발하나요?

Is the airplane on schedule?

이즈 디 에어플레인 온 스케쥴?

■ 11시에 출발합니다.

It departs at 11:00.

잇 디파츠 앳 일레븐 어클락

■ 그 비행기는 안개 때문에 결항입니다.

That flight is canceled due to heavy fog.

댓 플라잇 이즈 캔쓸드 듀 투 헤비 포그

■ 방송을 기다려 주세요.

Please wait for the announcement.

플리즈 웨잇 포 디 어나운스먼트

어디서 기다리면 되죠?

Where can we wait?

웨얼 캔 위 웨잇?

04

이동하기

출퇴근 시간을 피해서 대중교통을 이용해보는 것도 좋습니다.
대중 교통 어플을 미리 다운 받아 두시면 편리하겠죠?

타임스 스퀘어역으로 가는 지하철 타는 곳은 어디예요?

Where can I catch a subway going to the Times Square Station?

웨얼 캔 아이 캐취 어 섭웨이 고잉 투 더 타임스 스퀘어 스테이션?

요금이 얼마예요?

How much is the fare?

하우 머취 이즈 더 페어?

이거 어떻게 하는 거죠? 가르쳐 주세요. (표 살 때)

How does this work? Can you show me how?

하우 더즈 디스 월크? 캔 유 쑈 미 하우?

얼마나 걸려요?

How long does it take?

하우 롱 더즈 잇 테익?

타임스 스퀘어까지 두 장 주세요.

Two tickets to Times Square, please.

투 티킷츠 투 타임스 스퀘어, 플리즈

이거 타임스 스퀘어까지 갑니까?

Does this go to Times Square?

더즈 디스 고 투 타임스 스퀘어?

맨해튼 가려면 어느 기차를 타야 하나요?

Which train should I catch to go to Manhattan?

위치 트레인 슈다이 캐취 투 고 투 맨해튼?

■ 렉싱튼 역에서 갈아타세요.

You need to transfer at the Lexington Station.

유 닛 투 트랜스퍼 앳 더 렉싱튼 스테이션

렉싱튼 애브뉴로 가려면 이쪽에서 타면 되나요?

Do I get on from this side to go to Lexington Avenue?

두 아이 게론 프롬 디스 사이드 투 고 투 렉싱튼 애브뉴?

■ 아뇨, 반대쪽에서 타세요.

No, you have to get on from the other side.

노, 유 햅 투 게론 프롬 디 어더 싸이드

저기요, 피프스 애브뉴까지 가야 하는데요….

Excuse me, but I need to go to Fifth Avenue.

익스큐즈 미, 벗 아이 닛 투 고 투 피프스 애브뉴

여기서 몇 정거장 가야 하나요?

How many stops from here to get there?

하우 매니 스탑스 프롬 히어 투 겟 데얼?

---

useful word

표(승차권)	metro card	메트로 칼드
오른쪽/왼쪽	right / left	롸잇 / 레프트
매표소	ticket booth	티킷 부스
다음 역	next stop	넥스트 스탑
다음 다음역	two stops from here	투 스탑스 프롬 히얼
1/2/3/4호선	line 1/2/3/4	라인 원/투/쓰리/포

이동하기

뉴욕 지하철 100배 즐기기

뉴욕의 지하철 시스템을 흔히 메트로(Metro)라고 부른다. 비록 낙후되어 보이기는 하지만, 뉴욕 시내 지하철 시스템을 잘 이용하면 교통이 번잡한 뉴욕을 자동차로 여행하는 것에 비해 훨씬 시간과 비용을 절약할 수 있다.

뉴욕 지하철 서비스를 이용하기 위해서는 Metro Card를 구입해야 한다. 이 표는 시내버스나 지하철을 탈 때 요금 대신 사용할 수 있으며, 1회에 한해 무료로 바꿔 타기(transfer)도 할 수 있다.

그 외에도 지하철을 이용할 일이 많을 경우에는 한 달 이용권이나 한 주 이용권, 혹은 일일 이용권을 사용하면 일정한 금액으로 해당 기간중에 지하철이나 시내버스를 무제한으로 사용할 수 있다.

한 달 이용권은 $70, 일주일 이용권은 $21, 편도 일회용 이용권 가격은 $3이다. 월요일과 금요일 사이 주중에는 출퇴근 시간을 전후하여 express service가 실시된다. 타고자 하는 지하철이 express인지, 혹은 역마다 정차하는 local인지를 알기 위해서는 차장이 방송하는 안내를 잘 들어보아야 하며, 자신이 가고자 하는 목적지에 정차하는지도 미리 알아보고 타는 것이 좋다.

뉴욕의 맨해튼 지하철 노선도

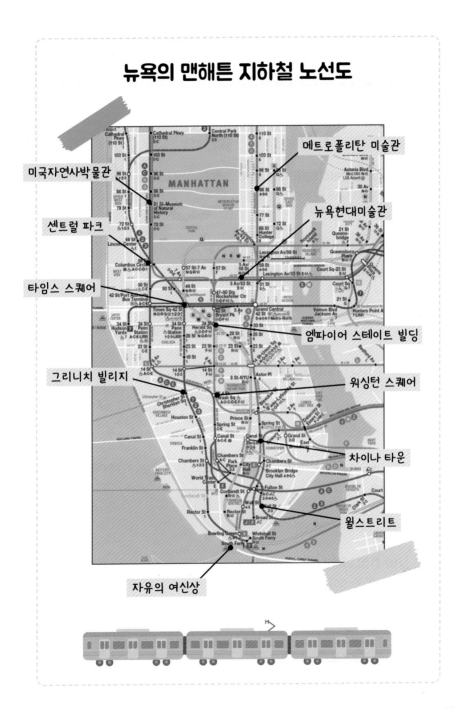

메트로폴리탄 미술관

미국자연사박물관

뉴욕현대미술관

센트럴 파크

타임스 스퀘어

엠파이어 스테이트 빌딩

그리니치 빌리지

워싱턴 스퀘어

차이나 타운

월스트리트

자유의 여신상

이동하기

버스 정류장은 어디죠?

Where is the bus station?

웨얼 이즈 더 버스 스테이션?

메리엇 호텔에 가는 리무진 버스는 어디서 타나요?

Where can I catch a limousine bus going to the Merriott Hotel?

웨얼 캔 아이 캐취 어 리무진 버스 고잉 투 더 메리엇 호텔?

메리엇 호텔까지 갑니까?

Do you go to Merriott Hotel?

두 유 고 투 메리엇 호텔?

요금은 얼마예요?

How much is the fare?

하우 머취 이즈 더 페어?

죄송하지만, 도착하면 좀 알려 주세요.

Could you please tell me when we get there?

쿠쥬 플리즈 텔 미 웬 위 겟 데얼?

호텔까지 아직 멀었어요?

Is the hotel far from here?

이즈 더 호텔 파 프롬 히얼?

몇 시쯤 도착할까요?

At around what time will we get there?

앳 어롸운드 왓 타임 윌 위 겟 데얼?

앞으로 30분 뒤에 도착할 것입니다.

We're going to arrive in 30 minutes.

위어 고잉 투 어라이빈 써리 미니츠

■ 손님, 다 왔습니다.

Sir / Ma'am, we are almost there.

썰 / 맴, 위 아 얼머스트 데얼

여기서 내릴게요.

Let me get off here. / This is my stop.

렛 미 겟 어프 히얼 / 디스 이즈 마이 스탑

■ 조심해서 내리세요.

Watch your step, please.

워치 유어 스텝, 플리즈

Tip 버스의 종류

뉴욕 메트로 버스는 크게 뉴욕시 맨해튼을 중심으로 운영되는 local bus와 출퇴근시 뉴요커들이 많이 애용하는 시외버스에 해당하는 express bus로 나뉜다. local bus의 요금은 $2.75, express bus의 요금은 $3이다.

맨해튼을 중심으로 운영되는 시내버스는 번호가 M으로 시작되며, 퀸즈 지역 운행버스는 Q, 브루클린이나 브롱스 지역 운행 버스는 B자로 번호가 시작된다. 'QM2'로 번호가 시작되는 버스는 퀸즈와 맨해튼 사이를 운행하는 익스프레스 버스를 의미한다.

택시! (말없이 손을 들어 잡는 것이 보통이다.)

Taxi!

택시!

■ 어서 오세요. 어디로 갈까요?

Good afternoon. Where do you want to go?

굿 애프터누운 웨얼 두 유 원 투 고?

역까지 가 주세요.

I need to go to the station.

아이 닛 투 고 투 더 스테이션

약도가 있는데, 여기까지 가 주세요.

This is the map. Please take me there.

디스 이즈 더 맵 플리즈 테익 미 데얼

저기서 세워 주세요.

You can stop over there.

유 캔 스탑 오버 데얼

죄송하지만, 좀 서둘러 주세요.

Could you hurry, please?

쿠쥬 헐리, 플리즈?

트렁크 좀 열어 주세요.

Open the trunk, please.

오픈 더 트렁크, 플리즈

☆ 택시 관련 용어

거스름돈	change	체인쥐
기본요금	basic fee	베이직 피
~까지 가주세요.	I need to go to...	아이 닛 투 고 투
네거리	intersection	인터섹션
도로의 진입구	entrance to the street	엔트런스 투 더 스트릿
빈차	on duty taxi	온 듀티 택시
승합 택시	sharing taxi	쉐어링 택시
신호등	traffic light	트래픽 라잇
우회전	right turn	롸잇 턴
운전기사	taxi driver	택시 드라이버
좌회전	left turn	레프트 턴
직진	go straight	고 스트웨잇
택시 승강장	taxi stand	택시 스탠드

이동하기

Tip 뉴욕에서 택시타기

뉴욕의 택시는 off duty라는 전광판에 불이 꺼져 있는 것이 영업중인 택시이며, off duty에 불이 켜져 있으면 영업하지 않는 차량이다.

기본 요금 : $2.50
1/4마일당 요금 : $.40
신호등에 걸려 설 때 30초마다 $.30
야간운행시 $.50 추가
팁은 총 요금의 약 15-20% 정도, 혹은 5달러당 1달러 정도.

자동차를 빌리고 싶은데요.

I'd like to rent a car.
아이드 라익 투 렌트 어 카

■ 국제운전면허증이 있습니까?

Do you have an international driver's license?
두 유 해번 인터내셔널 드라이버스 라이센스?

■ 어떤 차종을 원하세요?

What kind of vehicle do you want?
왓 카인더브 비히클 두 유 원트?

보통차 / 큰 차를 원해요.

I want a medium-sized car / large sized car.
아이 원 어 미디움 사이즈드 카 / 라알쥐 사이즈드 카

■ 어떤 모델로 렌트하시겠습니까?

Which car model do you want to rent?
위치 카 마들 두 유 원 투 렌트?

하루에 얼마죠?

What's the rate per day?
왓츠 더 레잇 퍼 데이?

(렌트카를 이용할 때는 크레딧 카드를 요구하는데, 크레딧 카드는 사용한도액이 최소한 400달러 정도는 되어야 한다.)

그 가격에 보험이 포함되어 있나요?

Dose the price include insurance?
더즈 더 프라이스 인클루드 인슈어런스?

오토예요?

Is this car an automatic?

이즈 디스 카 언 오로매릭?

몇 년식이죠?

What year and model is this?

왓 이어 앤 마들 이즈 디스?

■ 며칠 동안 빌리시겠어요?

For how many days do you need it?

포 하우 매니 데이즈 두 유 니드 잇?

하루만이요. / 3일간이요.

Only a day. / For three days.

온리 어 데이 / 포 쓰리 데이즈

■ 보험에 드시겠습니까?

Do you want insurance?

두 유 원트 인슈어런스?

보험료는 얼마예요?

How much is the insurance?

하우 머취 이즈 디 인슈어런스?

■ 5시까지 (이곳으로) 돌려 주셔야 합니다.

The car must be returned to us by 5:00.

더 카 머스트 비 리턴드 투 어스 바이 파이브 어클락

저기요, 주유소가 어디에 있어요?

Excuse me, but where can I find a gas station?

익스큐즈 미, 벗 위얼 캔 아이 파인더 개스 스테이션?

시동이 안 걸려요.

The car dosen't start.

더 카 더즌 스탈트

브레이크가 고장났어요.

The brakes do not work.

더 브레익스 두 낫 월크

고칠 수 있어요?

Can you fix it?

캔 유 픽씻?

타이어가 펑크났어요.

The tire has a flat. / I have a flat tire.

더 타이어 해저 플랫 / 아이 해버 플랫 타이어

휘발유를 넣으면 됩니까?

Can I use regular gasoline?

캔 아이 유즈 레귤러 개솔린?

30달러어치 넣어 주세요. (주유소에서)

Thirty dollars worth of gasoline, please.

썰리 달러스 월쓰 오브 개솔린, 플리즈

가득 넣어 주세요.

Fill it up, please.

필리럽, 플리즈

세차해주세요.

I would like my car washed, please.

아이 우드 라익 마이 카 워쉬드, 플리즈

이동하기

useful word

미국은 각 도시마다 자동차 기름값이 각각 다르며 같은 지역 안에서도 주유소마다 가격이 다르다. 그러므로 싸게 기름을 파는 곳이 있으면 알아 두었다가 이용하는 것이 좋다.

대부분의 승용차의 경우 기름을 한 번 넣으면 현재 싯가로 약 30달러 정도가 나오므로 한국보다는 기름값이 저렴한 편이다.

기름을 넣을 때는 운전자가 셀프서비스 하는 경우와 주유소 직원이 넣어 주는 경우로 나뉜다.

주유소 직원이 넣어 줄 때는 팁을 1~2달러 주는 것이 일반적이다.

57

05

호텔에서

여행 가기 전에 가장 먼저 준비해야하는 것이 항공권과 호텔예약이죠!
호텔 예약 사이트 등을 이용하여 미리 준비한다면 비용도 절약할 수 있답니다.

메리엇 호텔입니다.

Thank you for calling the Merriott Hotel.

땡큐 포 콜링 더 메리엇 호텔

저 예약하고 싶은데요.

I want to make a reservation, please.

아이 원 투 메이커 레절베이션, 플리즈

오늘부터 3일간이요.

Three days beginning from today.

쓰리 데이즈 비기닝 프롬 투데이

싱글로 / 트윈으로요.

I want a single room. / I want a room with twin beds.

아이 원 어 싱글 룸 / 아이 원 어 룸 위드 트윈 베즈

제 이름은 김미란입니다.

My name is Mi-ran Kim.

마이 네임 이즈 미란 김

이름 철자는 M,I, 하이픈 R,A,N이고 성은 K,I,M입니다.

My first name is spelled M,I, hyphen R,A,N. My last name is spelled K,I,M.

마이 펄스트 네임 이즈 스펠드 엠 아이 하이픈 알 에이 엔. 마이 래스트 네임 이즈 스펠드 케이 아이 엠

1박에 얼마예요?

What's the rate per night?

왓츠 더 레잇 퍼 나잇?

조식 포함 150달러입니다.

It will be 150 dollars, including breakfast.

잇 윌 비 원 헌드레드 피프티 달러스, 인크루딩 브랙퍼스트.

체크인은 몇 시부터죠?

What is the check-in time?

왓 이즈 더 첵킨 타임?

그걸로 예약할게요.

I'll reserve it.

아일 뤼절빗

호텔에서

Tip 미국의 호텔

미국의 호텔은 규모와 가격에 따라 크게 3등급으로 나누어 볼 수 있다.
고급에 속하는 호텔로는 Hyatt, Sheraton, Hilton 등이 있으며 가격은
1박에 $100~300 정도.

중급에 속하는 호텔로는 Holiday Inn, Ramada, Embassy Suites, Marriott, Residence Inn, Countyard 등이 있으며 가격은 일일 $50~100정도. 이밖에도 교외 관광지에는 Bed and Breakfast라는 이름의 숙박업소들이 있다. 아침과 간단한 스낵 종류등이 나오며, 민박과 호텔을 겸한 형태의 숙박업소이다. 가격은 시설에 따라 다양하지만 대개 중급 호텔 정도로 보면 무난하다.

* 트윈품

* 거실

* 욕실

귀중품 보관함	valuable valut	밸류어블 벌트
냉수	cold water	콜드 워러
더블	double bed	더블 베드
도어맨	door man	도어 맨
만실	no vacancy	노 베이컨씨
모닝콜	morning call	모닝 콜
무료 커피 제공	complimentary in-room coffee	컴플리멘터리 인 룸 커피

비상계단	emergency stairs	이멀전씨 스테얼즈
비상구	emergency exit	이멀전씨 엑싯
비수기 숙박비	off-season rates	어프 씨즌 레잇츠
숙박 신고서	registration form	레지스트레이션 폼
세탁 서비스	laundry service	런드리 썰비쓰
에어컨	air-conditioner, A/C	에어 컨디셔너
예약	reservation	레절베이션
1인실	room for one	룸 포 원
2인실	room for two	룸 포 투
24시간 룸 서비스	24-hour room service	트웨니 포 아워 룸 썰비쓰
온수	hot water	핫 워러
유선TV	cable TV	케이블 티뷔
짐꾼	hall porter	홀 폴터
체크아웃	check-out	체카웃
체크인	check-in	첵인
트윈	twin beds	트윈 베즈
팁	tip	팁
프론트	reception desk fornt desk	리셉션 테스크 프런트 데스크
휴대품 보관소	chackroom / cloakroom	첵룸 / 클로오크룸
회의장	convention hall	컨벤션 홀

예약을 한 김미란인데요.

The reservation is under the name Mi-ran Kim.

더 레절베이션 이즈 언더 더 네임 미란 김

예약을 안 했는데 방 있어요?

I don't have a reservation, but can I get a room?

아이 돈 해버 레절베이션, 벗 캔 아이 겟 어 룸?

■ 몇 분이십니까?

How many people?

하우 매니 피플?

4명이구요. 트윈으로 방 2개 주세요.

There are four of us. We need two bedrooms with two single beds in each room.

데어라 포러버스 위 닛 투 베드룸즈 위드 투 싱글 베즈 인 이취 룸

■ 어떤 방으로 원하십니까?

What kind of room do you want?

왓 카인더브 룸 두 유 원트?

전망 좋은 방 / 조용한 방으로 주세요.

I want a room with a good view. / I want a quiet room.

아이 원 어 룸 위드 어 굿 뷰 / 아이 원 어 콰이엇 룸

트윈 / 스윗으로 주세요.

I want a bedroom with twin beds. / I want a suite.

아이 원 어 베드룸 위드 트윈 베즈 / 아이 원 어 스윗

■ 여기에 성함과 주소를 기입해 주세요.

Please fill in your full name and address here.

플리즈 필 인 유어 풀 네임 앤 어드레스 히어

■ 여기 키 있습니다. 405호실입니다.

Here is your key. The room number is 405.

히얼 이즈 유어 키. 더 룸 넘버 이즈 포 오 파이브

■ 죄송합니다. 방이 다 찼습니다.

I'm sorry. We are full (We have no vacancy).

아임 쏘리. 위 아 풀(위 해브 노 베이컨씨)

☆ 숙박카드에 쓰이는 말

숙박 카드	registration card	레지스트레이션 칼드
성	last name	래스트 네임
이름	first name	펄스트 네임
주소	address	어드레스
연락처	contact number	컨택 넘버
도착일	arrival date	얼라이벌 데잇
출발일	departure date	디팔쳐 데잇
성별	sex	섹스
국적	nation of citizenship	네이셔너브 씨티즌쉽
여권 번호	passport number	패스폴트 넘버

여기 405호실인데요.

This is room number 405.
디스 이즈 룸 넘버 포 오 파이브

뜨거운 물이 안 나와요.

There is no hot water.
데얼 이즈 노 핫 워러

수건이 더 필요해요.

I need more towels.
아이 니드 모어 타월즈

불이 안 켜져요.

The light is not working.
더 라잇 이즈 낫 월킹

에어컨이 안 되는데요.

The air conditioner(A/C) is not working.
디 에어컨디셔너 이즈 낫 월킹

옆방이 너무 시끄러워요.

The next room is too noisy.
더 넥스트 룸 이즈 투 노이지

방을 좀 바꿔 주실 수 있나요?

Can I change the room? / Can I move to a different room?
캔 아이 체인쥐 더 룸? / 캔 아이 무브 투 어 디퍼런트 룸?

문제가 생겼어요. 직원을 보내 주세요.

I have a problem. Please send someone over.

아이 해버 프라브럼. 플리즈 센드 썸원 오버

이 옷을 세탁해 주세요.

I need to have some clothes cleaned / laundered.

아이 닛 투 햅 썸 클로우즈 클린드 / 런덜드

내일 몇 시까지 되나요?

By what time tomorrow can it be done?

바이 왓 타임 투머로우 캐닛 비 던?

다림질도 해 주시죠?

It includes ironing, doesen't it?

잇 인크루드즈 아이어닝, 더즌팃?

세탁물이 아직 안 왔어요.

I still don't have my laundered clothes.

아이 스틸 돈 햅 마이 런덜드 클로우즈

Tip 여행의 색다른 맛 B&B

가족 또는 친구끼리 가는 것이라면 꼭 한번 권하고 싶은 숙박형태로 B&B즉, '잠자리 및 아침 식사 제공' (bed & breakfast)이 있다. 숙박비도 저렴하고 전통적인 미국가정의 분위기도 맛볼 수 있는데, 대부분의 B&B 숙박시설은 대개 빅토리아 시대 또는 식민 시대의 전통 가옥형태여서 미국의 전통가옥의 고풍스러운 분위기를 느낄 수 있는 특색있는 경험이 될 것이다.

☆ 호텔에서 배우는 단어

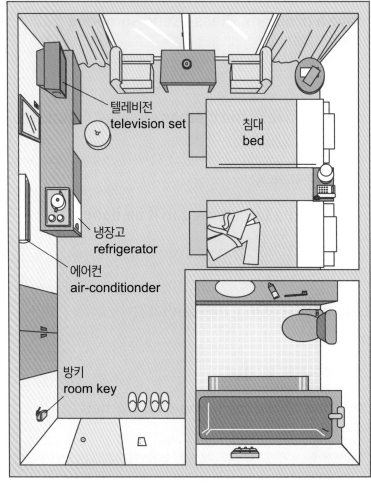

텔레비전
television set

침대
bed

냉장고
refrigerator

에어컨
air-conditionder

방키
room key

가운	sleeping gown 슬립핑 가운	배게	pillow 필로우
수건	towels 타월즈	스위치	switch 스위치
슬리퍼	sleepers 슬립펄즈	온수	hot water 핫 워러
음료수	drinks 드링스	이불	blanket 블랭킷

교환원	operator	오퍼레이러
국제전화	international call	인터네셔널 콜
먼저 0번을 누르세요.	Dial zero first.	다이얼 지로우 펄스트
명함	business card	비즈니스 칼드
수신자 부담 전화	collect call	콜렉트 콜
시내 여행지도	city tour map	씨리 투어 맵
시내전화	local call	로컬 콜
엘리베이터	elevator	엘레베이러
편지봉투	letter size envelope	레러 싸이즈 엔벨롭프

Tip 미국 안에서도 시차가 있다!

미국은 땅이 넓어서 한 나라 안에 4개의 시간대가 있다.

동쪽으로 갈수록 시간대가 빨라지고, 서쪽으로 갈수록 시간대가 늦어진다. 동부에 위치한 뉴욕을 기준으로 할 때, 뉴욕이 오후 1시면 중부에 있는 시카고는 오후 2시, 콜로라도의 덴버는 오후 2시, 서부에 있는 LA는 오후 4시가 된다. 미국은 4월 첫째 일요일부터 시작하여 10월 마지막 일요일까지 일광절약 시간이 실시되어 1시간의 시차가 발생하므로, 시간 약속에 유의해야 한다.

전압은 지역에 따라 110~115V로 차이가 있으므로 한국산 헤어드라이어나 다리미와 같은 전기기구를 사용할 경우에는 반드시 확인해야 하며, 전압 변경용 잭을 미리 구입해 가는 것도 좋다.

미국에서 한국으로 전화할 때는 0 또는 9번(외부전화 접속, 호텔마다 다름)+011+82+2(서울의 경우)+전화번호의 순서로 다이얼을 돌려야 한다. 공항이나 시내에서 공중전화를 이용할 경우에는 외부전화접속 번호를 돌릴 필요 없이 011+82(한국 국가번호)+2(0을 뺀 지역번호)+전화번호를 돌리면 된다.

예) 서울 725-6000으로 전화할 경우 : 011+82+2+725-6000

■ 몇 분이십니까?

How many are there in your group?

하우 매니 아 데얼 인 유어 그룹?

저 혼자예요. / 네 사람이에요.

Only me. / Four people.

온리 미 / 포 피플

■ 담배 피우십니까? 일행중에 흡연자가 있습니까?

Do you smoke? Does anyone in your party smoke?

두 유 스목? 더즈 애니원 인 유어 파티 스목?

예, 피워요. / 아뇨, 안 피워요.

Yes, I smoke. / No, I don't smoke.

예스, 아이 스목 / 노, 아이 돈 스목

■ 금연석으로 하시겠어요? 아니면 흡연석으로 하시겠어요?

Do you want a smoking table, or non-smoking table?

두 유 원 어 스모킹 테이블, 오어 넌스모킹 테이블?

금연석으로요.

I want a non-smoking table.

아이 원 어 넌스모킹 테이블

창가자리에 앉아도 돼요?

Can we have seats by the window?

캔 위 햅 씨츠 바이 더 윈도우?

■ 커피하고 차가 있습니다.

We have coffee and tea available.
위 햅 커피 앤 티 어베일러블

커피로 주세요.

I will take coffee.
아이 윌 테익 커피

여기에, 커피 좀 더 주세요.

Excuse me. Could I have some more coffee, please?
익스큐즈 미. 쿠다이 햅 썸 모어 커피, 플리즈?

디저트로 아이스크림을 주세요.

I'll have some ice cream for dessert.
아일 햅 썸 아이스크림 포 디절트

호텔에서

Tip | 호텔에서 즐거운 아침식사를

미국인들이 주로 아침식사를 먹는 음식은 곡물로 만든 시리얼, 과일, 머핀, 팬케이크, 오믈렛, 계란 후라이, 또는 커피나 오렌지 주스를 곁들인 토스트이다. 우유에 마른 시리얼을 말아서 먹기도 하고, 혹은 오트밀 처럼 곡물가루를 죽처럼 끓여서 먹기도 한다. 그 외에도 베이글이나 프렌티 토스트, 아침용 소시지, hash brown

이라는 잘게 다져 튀긴 감자튀김을 먹기도 한다. 점심 식사로는 주로 피자, 햄버거, 샌드위치, 샐러드 등을 먹는다. 미국인들은 아침 식사와 점심 식사를 엄격히 구분해서 먹으므로, 패스트푸드 음식점의 대부분은 11시가 넘으면 메뉴가 점심메뉴로 완전히 바뀌게 된다.

🎧 MP3 05-5

팩스를 써도 되나요?

Can I use your fax machine?

캔 아이 유즈 유어 팩스 머쉰?

저한테 팩스(메시지)온 것 있어요?

Do you have a fax(message) for me?

두 유 해버 팩스 (메시쥐) 포미?

신문(종이 가방, 끈, 가위) 있어요?

Do you have newspapers(paper bag, rope, scissors)?

두 유 햅 뉴스페이펄즈(페이퍼 백, 로우프, 씨절즈)?

소포를 여기서 보낼 수 있나요?

Can I ship this package from here?

캔 아이 쉽 디스 패키쥐 프롬 히어?

요금이 어떻게 되죠?

How much is the cost?

하우 머취 이즈 더 코스트?

이것 그냥 가져도 돼요?

Can I just take this?

캔 아이 저스트 테익 디스?

돌려 드려야 하나요?

Do I have to return this?

두 아이 햅 투 리턴 디스?

Can I ship this package from here?

우산을 좀 빌려 주세요.

May I use your umbrella?

메이 아이 유즈 유어 엄브렐러?

죄송해요. 우산을 잃어버렸어요.

I'm sorry. I lost the umbrella.

아임 쏘리 아이 로스트 디 엄브렐러

■ 괜찮습니다.

It's all right.

잇츠 올 롸잇

공항까지 가는 셔틀 버스가 있어요?

Is there a shuttle bus going to the airport?

이즈 데어러 셔를 버스 고잉 투디 에어폴트?

호텔의 수영장은 몇 시부터예요?

What time does the hotel swimming pool open?

왓 타임 더즈 더 호텔 스위밍 풀 오픈?

어떡하죠? 친구가 키를 맡기지 않고 나갔네요.

What am I going to do? My friend went out without leaving a key.

왓 엠 아이 고잉 투 두? 마이 프렌드 웬트 아웃 위다웃 리빙 어 키

키를 방에 두고 나와 버렸어요.

I left my key in the room.

아이 레프트 마이 키 인 더 룸

🎧 MP3 05-6

체크아웃 하겠어요.

I need to check-out, please.
아이 닛 투 첵카웃, 플리즈

Check-out, please.

■ 지불은 뭘로 하시겠습니까?

How would you like to pay?
하우 우쥬 라익 투 페이?

카드로 하겠습니다. / 현금으로 하겠습니다.

I want to pay with my credit card. / I want to pay in cash.
아이 원 투 페이 위드 마이 크레딧 카드 / 아이 원 투 페이 인 캐쉬

■ 불편하신 점은 없으셨습니까?

Was everything to your liking?
위즈 에브리띵 투 유어 라이킹?

잘 쉬었습니다.

Everything was wonderful. Thank you.
에브리띵 워즈 원더풀. 땡큐

전화 사용료 내역서를 보여 주세요.

Can you show me the telephone bill?
캔 유 쑈 미 더 텔레폰 빌?

냉장고 음료수는 안 마셨는데요.

I didn't drink anything out of the refrigerator.
아이 디던트 드링크 에니씽 아웃 어브 더 러프리저레이터

체크아웃은 지금 하고 짐만 좀 맡길 수 있을까요?

Can I check out now, but leave the baggage with you a little longer?

캔 아이 첵카웃 나우, 벗 리브 더 배기쥐 위듀 어 리를 롱거?

■ 네, 그러세요.

Sure, you can. / No problem

슈오, 유 캔 / 노 프라블럼

오후 1시까지 짐을 좀 맡아 주세요.

Can I leave the baggage until 1:00 PM?

캔 아이 리브 더 배기쥐 언틸 원 피엠?

1시까지 돌아오겠습니다.

I will be back by 1:00 PM.

아이 윌 비 백 바이 원 피엠

택시를 좀 불러 주세요.

Can you call a taxi for me?

캔 유 콜 어 택시 포 미?

하룻밤 더 묵고 싶은데요.

I want to stay another night.

아이 원 투 스테이 어나더 나잇

고마웠어요. 또 올게요.

Thank you for eyerything. I will definitely come back again.

땡큐 포 에브리띵. 아이 윌 데퍼닛틀리 컴 백 어겐

06

식사하기

미국에도 각 지역을 대표하는 메뉴와 유명 식당들이 있습니다.
미국의 레스토랑 평점 앱을 다운 받아 평점을 체크해보는 것이 좋겠지요.

🎧 MP3 06-1

이 주변에 식당 있어요?

Is there a restaurant in this area?

이즈 데어러 레스터란트 인 디스 에어리아?

■ 어서 오십시오.

Thank you for visiting our restaurant.

땡큐 포 비지링 아우어 레스터란트

■ 일행이 몇 분이십니까?

How many people are in your group?

하우 매니 피플 아 인 유어 그룹?

■ 죄송합니다. 잠시 기다리셔야 하는데요.

I'm sorry, but there will be a short wait.

아임 쏘리, 벗 데얼 윌 비 어 숏 웨잇

얼마나 기다려야 하죠?

How long do we have to wait?

하우 롱 두 위 햅 투 웨잇?

■ 20분 정도 기다리셔야 합니다.

For about 20 minutes.

포러바웃 트웨니 미닛츠

Thank you for visiting our restaurant.

창가 자리로 부탁합니다.

I want a table by the window.

아이 원 어 테이블 바이 더 윈도우

■ 죄송하지만, 지금은 이 자리밖에 없습니다.

I'm sorry, but this is the only table available for now.

아임 쏘리, 벗 디스 이즈 디 온리 테이블 어베일러블 포 나우

■ 다른 자리가 나는 대로 바꿔 드리겠습니다.

I will change your table as soon as another one becomes available.

아이 윌 체인쥐 유어 테이블 애즈 순 애즈 어나더 원 비컴즈 어베일러블

■ 이쪽으로 오십시오. 테이블로 모시겠습니다.

Please follow me. I will show you to the table.

플리즈 팔로우 미. 아이 윌 쑈 유 투 더 테이블

■ 주문하시겠습니까?

Are you ready to order?

아 유 뤠디 투 오더?

권해 줄 만한 것 있어요?

What would you recommend?

왓 우쥬 레커멘드?

What would you recommend?

이것하고 저것 주세요. (메뉴판을 가리키며)

I want to order this and that.

아이 원 투 오더 디스 앤 댓

세트로 주세요.

(전체에서 후식까지 한 세트로 주문할 수 있는 메뉴는 prix fixe라고 한다.)

I want to order your prix fixe menu.

아이 원 투 오더 유어 프리 픽스 메뉴

☆ 음식은 어디가 맛있죠?

뉴욕에서 가족과 함께 편하게 찾을 수 있는
체인 레스토랑&패스트푸드 음식점

버거킹 (Burger king)

일인당 약 5-6달러면 거뜬히 한기 식사를 해결할 수 있는 곳. 뉴욕 전역에 22개 업소가 영업중이며, 햄버거, 닭고기 샌드위치, 샐러드, 닭고기 튀김, 프렌치 프라이, 그리고 밀크쉐이크 등을 사 먹을 수 있다.

맥도날드 (McDonald's)

지타임스 스퀘어에 있는 맥도날드 분점은 세계에서 가장 손님이 많은 곳으로 알려져 있다. 서비스 또한 이에 못지 않게 세계적인 수준. 햄버거나 각종 샐러드, 닭고기 샌드위치나 튀김, 프렌치 프라이 등을 주문해 먹을 수 있다.

웬디스 (Wendy's)

구식으로 만드는 햄버거로 유명한 체인점.

던킨 도너츠 (Dunkin' Donuts)

뉴욕시에만도 약 40여개의 분점을 가지고 있는 세계 최대 커피와 도너츠 전문점. 커피, 카푸치노, 도너츠, 베이글, 머핀, 쿠키, 크로아상, 샌드위치 등을 사 먹을 수 있다.

크리스피 크림 (Krispy Kreme)

뉴인류역사상 가장 맛있는 도너츠를 만든다는 체인 도너츠점. 특히 도너츠가 만들어지는 시각을 공개함으로서 따뜻하게 금방 만들어진 도너츠를 사 먹을 수 있다. 값은 던킨 도너츠에 비해 좀 비싼 편.

캘리포니아 부리토 (Califormia Burrito)

멕시코 음식은 매운맛 나는 것이 많아 한국사람들의 입맛에도 잘 맞는다. 캘리포니아 부리토는 신속한 서비스, 화사하고 재미있는 식당 분위기 등으로 뉴욕에서 가장 권할만한 멕시코 음식 전문 체인점. 썬 고기와 야채 등을 김밥처럼 빵에 말아 먹는 부리토(burritos), 타고(tacos), 걸죽하고 매콤하게 끓인 수프격인 칠리(Chili), 샐러드 등을 주문해 먹을 수 있다.

스바로 (Sbarro)

밝은 실내 분위기로, 누구나 출출할 때 편하게 들러 맛있는 피자 및 각종 이탈리안 패스트푸드로 배를 채울 수 있는 곳. 뉴욕 스타일 피자. 이탈리안 비빔국수라고 할 수 있는 파스타, 치즈케익 등을 주문해 먹을 수 있으며, 양이 넉넉하고 서비스가 빠르다.

식사하기

레스토랑 안내책자

뉴욕은 미식가들의 천국이라고 해도 과언이 아닐 정도로 전세계의 음식들을 맛볼 수 있는 곳이다. 하지만, 많고도 많은 뉴욕의 레스토랑 중에서 어느 곳을 선택해 식사를 해야 할지 난감한 경우가 많다. 이런 때를 대비해 뉴욕을 방문하는 관광객이라면 Zagat Survey라는 레스토랑에 대한 상세한 안내가 실려져있으며, 3만여명에 이르는 레스토랑 고객들이 직접 참여해 작성된 설문조사 결과에 따른 품평 결과, 추천메뉴 등이 실려 있다.

여기요. 주문할게요.

Excuse me. I'd like to order.

익스큐즈 미 아이드 라익 투 오더

주문 받으세요.

Could you take my order, please?

쿠쥬 테익 마이 오더 플리즈?

■ 주문할 것을 결정하셨습니까?

Have you decided what to order?

해뷰 디싸이디드 왓 투 오더?

좀 있다 할게요.

I need a few more minutes, please.

아이 니드 어 퓨 모어 미닛츠, 플리즈

주문을 바꾸어도 될까요?

Can I change my order?

캔 아이 체인쥐 마이 오더?

추가하고 싶은데요.

I would like to order an additional item.

아이 우드 라익 투 오더 언 어디셔늘 아이럼.

이건 제가 주문한 게 아닌데요.

This is not what I ordered.

디스 이즈 낫 와라이 오더드

■ 다 드셨습니까?

Are you finished?

아 유 피니쉬드?

아뇨, 아직

No, not yet.

노, 낫 옛

네, 다 먹었습니다. 치워 주세요.

Yes, I'm finished. You may take the plate.

예스, 아임 피니쉬드. 유 메이 테익 더 플레이트

죄송하지만, 물 좀 더 주세요.

Excuse me, may I have some more water?

익스큐즈 미, 메이 아이 햅 썸 모어 워러?

식사하기

Tip 능숙하게 주문하는 법

미국인들이 주로 아침식사를 먹는 음식은 곡물로 만든 시리얼, 과일, 머핀, 팬케이크, 오믈렛, 계란 후라이, 또는 커피나 오렌지 주스를 곁들인 토스트이다. 우유에 마른 시리얼을 말아서 먹기도 하고, 혹은 오트밀 처럼 곡물가루를 죽처럼 끓여서 먹기도 한다. 그 외에도 베이글이나 프렌티 토스트, 아침용 소시지, hash brown 이라는 잘게 다져 튀긴 감자튀김을 먹기도 한다. 점심 식사로는 주로 피자, 햄버거, 샌드위치, 샐러드 등을 먹는다. 미국인들은 아침 식사와 점심 식사를 엄격히 구분해서 먹으므로, 패스트푸드 음식점의 대부분은 11시가 넘으면 메뉴가 점심메뉴로 완전히 바뀌게 된다.

계산해 주세요. (레스토랑에서)

Can I have the check, please?

캔 아이 햅 더 첵, 플리즈?

계산은 어디서 하죠?

Where can I pay?

웨얼 캔 아이 페이?

카드도 되나요?

Do you take credit cards?

두 유 테익 크레딧 칼즈?

■ 네, 여기 사인 부탁드립니다.

Yes, please sign here.

예스 플리즈 사인 히어

영수증을 주세요.

Can I have the receipt?

캔 아이 햅 더 뤼싯?

모두 같이 계산해 주세요.

Put them all on one check, please.

풋 뎀 올 온 원 첵, 플리즈

따로 따로 계산해 주세요.

Separate bills, please.

세퍼레잇 빌즈, 플리즈

계산이 잘못된 것 같은데요.

The amount does not seem correct.

디 어마운트 더즈 낫 씸 커렉트

잘 먹었습니다. (접대받은 사람이)

Thanks for dinner.

땡쓰 포 디너

useful word

grill	그릴	석쇠나 숯불에 구운 요리
braised	브레이즈드	볶은 후 소량의 물에 푹 끓인 요리
baked	베이크트	구운 요리
fried	프라이드	프라이한 요리
steamed	스팀드	수증기로 찐 요리
sauteed	소우테이	소량의 기름이나 버터에 살짝 튀긴 요리
stir-fry	스티얼 프라이	프라이팬을 흔들며 강한 불에 볶은 요리

배가 몹시 고파요.

I'm starving.

아임 스탈빙

맛있네요.

This is delicious.

디스 이즈 딜리셔스

정식 2인분 주세요.

We want the prix fixe menu for two.

위 원트 더 프리 픽스 메뉴 포 투

이건 어떤 요리죠?

This is delicious.

What kind of dish is this?

왓 카인더브 디쉬 이즈 디스?

이 요리는 전에 먹어 봤어요.

I tried this dish before.

아이 트라이드 디스 디쉬 비포어

이 요리는 먹어 보지 못했어요.

I have never tried this dish before.

아이 햅 네버 트라이드 디스 디쉬 비포어

후추는 조금만 넣어 주세요. / 후추는 넣지 마세요.

Just a little bit of pepper, please. / No pepper, please.

저스터 리를 빗 오브 페퍼, 플리즈 / 노 페퍼, 플리즈

useful word

bitter	비터	쓴, 떫은
crispy	크리스피	아삭아삭한
creamy	크리미	크림같이 부드러운
flat, bland	플랫, 블랜드	밋밋한 (맥주에서 김이 빠진 맛도 됨)
gamy	게이미	사냥한 짐승 고기의 풍미가 나는
greasy	그리지	기름기 있는
hot, spicy	핫, 스파이씨	매운, 톡 쏘는
juicy	쥬씨	수분(즙)이 많은
moist	모이스트	물기가 촉촉한
butty	너티	나무열매 특유의 맛의(호두열매 같은 맛)
rich, heavy	리치, 해비	짙은
salty	썰티	짠
sweet	스윗	달콤한
sour	싸우어	새큼한, 시큼한
sweet & sour	스윗 & 싸우어	달콤새콤한
zingy	징이	톡 쏘는, 자극적인

식사하기

☆ 음식 메뉴

appetizer 전체요리. starter라고 한다.
애피타이저

bacon 베이컨. 주로 아침 식사용으로 먹고,
베이컨 저녁에는 요리 재료로 넣어 먹는다.

buffalo wings 뉴욕 버팔로지방에서 처음 선 보인 닭날개
버펄로우 윙즈 요리. 튀긴 닭날개에 매운 소스를 입혀먹는다.

dessert 후식.
디절트

easy over 양쪽 다 살짝 후라이팬에서 익힌 요리.
이지 오버

entree 메인 요리. 주로 생선이나 육류 요리를 먹는다.
언트레이

ham 햄. 아침에 빵에 넣어 먹거나 저녁에 식사로 먹는다.
햄

hard boiled egg 계란 완숙.
할드 보일드 에그

hash brown 삶은 감자를 채썰어 후라이팬에 구운 것.
해쉬 브라운 아침 식사용.

poached egg 계란찜.
포우취드 에그

sampler 여러 가지 음식을 맛보기 용으로 조금씩
쌤플러 담아 내오는 것.

sausage 소세지. 아침이나 저녁에 먹는다.
서시쥐

scrambled egg 스크램블드 에그. 후라이팬에 계란을 깨어 넣은 뒤
스크램블드 에그 약한 불에서 휘저어 가며 익힌 계란요리.

shrimp cocktail 쉬림프 칵테일	살짝 데친 새우를 칵테일 소스에 찍어 먹는다.
soft boiled egg 소프트 보일드 에그	계란 반숙.
sunny side up 써니 싸이드 업	한쪽만 살짝 후라이팬에서 익힌 계란 프라이.

☆ 스테이크의 종류

fillet mignon steak 필릿 미뇽 스테익	스테이크 중에서 살점 부분을 반듯하게 잘라내 구운 스테이크
lamb steak 램 스테익	양고기 스테이크
loin steak 러인 스테익	안심부위 스테이크
prime rib 프라임 립	갈비살 스테이크
ribeye 립아이	갈비심 스테이크
sirloin steak 썰러인 스테익	등심과 안심 중간 부위 살 스테이크
T-bone steak 티본 스테익	쇠고기 등심과 허릿부분에 해당하는 스테이크. T자형의 뼈가 중간에 박혀 있다.
tenderloin steak 텐더러인 스테익	안심 스테이크
veal steak 비얼 스테익	어린 송아지고기로 만든 스테이크

식사하기

금연석으로 부탁합니다.

I want a non-smoking table, please.

아이 원 어 넌스모킹 테이블, 플리즈

이건 디저트가 포함되어 있나요?

Does the meal include dessert?

더즈 더 밀 인클루드 디절트?

■ 수프는 어떤 것으로 하시겠어요?

What kind of soup do you want?

왓 카인더브 숩 두 유 원?

이걸로 주세요.

I will take this one.

아이 윌 테익 디스 원

같은 걸로 주세요.

Make it two, please.

메킷 투, 플리즈

I want it well-done.

이 집에서 잘하는 게 뭐죠?

What's your specialty?

왓츠 유어 스페셜티?

■ 고기는 어떻게 해 드릴까요?

How would you like your steak?

하우 우쥬 라익 유어 스테익?

충분히 익혀 / 중간 정도로 익혀 / 살짝 익혀 주세요.

I want it well-done / medium / rare.

아이 원 잇 웰 던 / 미디엄 / 레어

■ 샐러드 드레싱은 어떤 것으로 하시겠어요?

What kind of dressing would you like for the salad?

왓 카인더브 드레싱 우쥬 라익 포 더 샐러드?

저기요, 고기가 너무 탔어요.

Excuse me, my meat is cooked too much.

익스큐즈 미, 마이 밋 이즈 쿡트 투 머취

덜 익었어요.

It's not cooked enough.

잇츠 낫 쿡트 이너프

■ 죄송합니다. 다른 걸로 드리겠습니다.

Sorry about that. I will bring you another one.

쏘리 어바웃 댓. 아이 윌 브링 유 어나더 원

■ 커피 더 하시겠습니까?

Would you like more coffee?

우쥬 라익 모어 커피?

저기요, 물 좀 더 주세요.

Excuse me, could I have some more water?

익스큐즈 미, 쿠다이 햅 썸 모어 워러?

식사하기

91

■ 음료 하시겠습니까?

Would you care for something to drink?
우쥬 케어 포 썸띵 투 드링크?

커피 주세요.

Coffee for me, please.
커피 포 미, 플리즈

■ 커피 나왔습니다.

Here is your coffee.
히어 이즈 유어 커피

■ 디저트는요?

How about dessert?
하우 어바웃 디절트?

디저트는 됐어요. (거절)

I will pass on dessert.
아이 윌 패스 온 디절트

여기서 담배 피워도 되나요?

Can I smoke here?
캔 아이 스목 히어?

재떨이 있어요?

Do you have an ashtray?
두 유 해번 애쉬트레이?

■ 커피 더 드릴까요?

Would you like a refill?
우쥬 라이커 리필?

커피 리필 부탁해요.

May I have a refill on my coffee, please?
메이 아이 해버 리필 온 마이 커피, 플리즈?

물 좀 더 주세요.

Would you bring me more water, please?
우쥬 브링 미 모어 워러, 플리즈?

와인 한 잔 더 주세요.

Another glass of wine, please?
어나더 글래소브 와인, 플리즈

식사하기

주문한 게 아직 안 나왔어요.

My order is still not here.
마이 오더 이즈 스틸 낫 히어

여기 포크 하나 더 부탁해요.

I need another fork, please.
아이 니드 어나더 폴크, 플리즈 (pork는 '돼지'이다. 발음에 주의)

냅킨 좀 더 갖다 주세요.

I need more napkins, please.
아이 니드 모어 냅킨즈, 플리즈

🎧 MP3 06-8

■ 주문하시겠어요?

What can I get for you? / Are you ready to order?
왓 캔 아이 겟 포 유? / 아 유 뤠디 투 오더?

햄버거 하나랑, 커피 한 잔 주세요.

I want a hamburger and a coffee.
아이 원 어 햄버거 앤 어 커피

치킨 두 조각 주세요.

I want two pieces of chicken.
아이 원 투 피시저브 치킨

I want a hamburger.

■ 음료는 뭘로 하시겠어요?

What would you like to drink?
왓 우쥬 라익 투 드링크?

■ 커피, 콜라, 소다, 주스가 있습니다.

We have coffee, cola, soda and juice.
위 햅 커피, 콜라, 소다 앤 주스

■ 여기서 드실 건가요, 아니면 가져가실 건가요?

Here or to go?
히어 오어 투 고?

먹고 갈 거예요. / 가져갈 거예요.

Here. / To go, please.
히어 / 투 고, 플리즈

■ 2층에 자리가 있습니다.

We have seats available on the second floor.
위 햅 싯츠 어베일러블 온 더 세컨 플로어

콜라 리필 되나요?

Can I refill my cola?
캔 아이 리필 마이 콜라?

■ 죄송하지만 리필은 안 됩니다.

Sorry, but no refills.
쏘리, 벗 노 리필즈

■ 크림, 설탕 다 드릴까요?

Would you like cream and sugar?
우쥬 라익 크림 앤 슈거?

반으로 좀 잘라 주세요.

Can you cut it in half, please?
캔 유 커릿 인 해프, 플리즈?

여기 앉아도 돼요?

Can I sit here?
캔 아이 씻 히어?

■ 네, 그러세요. / 아뇨, 자리 있어요.

Yes, you can. / No, it's occupied.
예스, 유 캔 / 노, 잇츠 아큐파이드

☆ 패스트푸드

버거킹, 맥도날드, KFC, 웬디스 등이 있다.

햄버거 hamburger 햄벌거	치즈버거 cheese burger 치즈 벌거	더블치즈버거 double cheese burger 더블 치즈 벌거
생선버거 fish burger 피쉬 벌거	치킨 버거 chicken burger 치킨 벌거	핫도그 hot dog 홋또돗꾸
감자튀김 french fries 프렌치 프라이즈	닭튀김 fried chicken 프라이드 치킨	애플파이 apple pie 애플 파이

냅킨	napkins	냅킨스
머핀	muffin	머핀
물티슈	wet tissue	왯 티슈
스트로	straw	스트러
음료수	drinks	드륑스
주스	juice	주스
케첩	ketchup	케첩
콜라	cola	코울라

미국에서 말하는 핫도그는 길죽한 빵 안에 소시지를 하나 넣어 주는 것을
말한다. 한국식으로 꼬챙이에 끼어 튀긴 핫도그는 corn dog라고 한다.

＊ 뉴욕 길거리에서 파는 맛있는 음식

뉴욕 길거리에서 가장 흔하게 볼 수 있는 길거리 음식이라면 자이로(gyro)와 쉬시 크바브(shish kebab)가 있다. Gyro(흔히 '자이로'라고 하지만, 원래는 '즈히로'에 가까운 발음)는 원래 얇게 썬 양고기를 피타(pita)라고 하는 납작한 빵에 김밥처럼 말아서 먹는 것이다. 요즘은 흔히 타히니 (tahini) 소스에 절여 구운 닭고기로 대신해 만든다. 여기에 닭고기 외에도 구운 양파, 피망, 혹은 채썬 상치나 토마토 등을 닭고기와 함께 말아 달라고 할 수도 있다. 혹은 빵 대신 노란 쌀밥 위에 잘게 썬 닭고기, 구운 양파 외에 피망 등을 얹어 주기도 하는데, 이것은 플래터(platter)라고 한다. 가격은 $3.50, 플래터의 가격은 $4 정도.

쉬시 크바브(shish kebab)라는 것은 꼬치불고기로 보면 가장 쉽게 이해할 수 있다.
양념에 절인 소고기 덩어리를 꼬치에 양파나 피망과 같은 채소와 함께 끼어 숯불구이식으로 구운 것이다. 핫도그처럼 빵 안에 넣어서 먹기도 하고, 그냥 손에 들고 먹기도 한다. 가격은 약 $2 정도. 그 외, 뉴욕의 거리 음식벤더들에서 사 먹을 수 있는 것은 핫도그, 말랑말랑하고 따끈한 프렛츨(pretzel) 등이 있다.
가격은 개당 $1에서 $1.50 정도 선.

🎧 MP3 06-9

이 근처에 편의점 있어요?

Is there a convenience store near here?

이즈 데어러 컨비니언쓰 스토어 니어 히얼?

미안합니다만, 전 이곳 사람이 아니어서 잘 몰라요.

Sorry, I'm a stranger here.

쏘리, 아이머 스트레인져 히얼

두 블록 내려가면 세븐일레븐이 있어요.

I saw a 7-Eleven two blocks down the street.

아이 쏘 어 쎄븐일레븐 투 블록스 다운 더 스트릿

■ 찾으시는 거, 도와 드릴까요?

Are you finding everything okay?

아 유 파인딩 에브리띵 오우케이?

실은 두통약을 찾을 수가 없어요.

Actually, I can't find some headache medicine.

액츄얼리, 아이 캔 파인드 썸 헤데익 메디쓴

■ 약은 손님 왼편에 있어요.

The medicine is to your left.

더 메디쓴 이즈 투 유어 레프트

필름 있어요?

Do you have a roll of film?

두 유 해버 럴 오브 필음?

■ 죄송합니다만 지금 다 떨어졌어요.

I'm sorry, it's out of stock right now.
이임 쏘리, 이츠 아우더브 스턱 롸잇 나우

10달러 짜리를 잔돈으로 바꿔줄 수 있나요?

Can you give me change for a 10-dollar note?
캔 유 김미 췌인지 포어 텐 달러 놋?

이거 계산해 주세요.

Can you ring this up?
캔 유 링 디섭?

거스름돈은 가지세요.

Keep the change.
킵 더 췌인지

식사하기

Tip **잡화점 newsstand**

신문과 잡지를 위주로 캔디, 담배, 잡화물 등을 파는 업소를 newsstand라고 한다. 이러한 업소에서는 도색 잡지들도 공개적으로 판매하고 있어, 청소년 자녀를 동반한 경우에는 유의해야 한다.

10. 빵집

이거 오늘 거예요? (대부분은 그날 구운 빵만 판다.)

Is this fresh?

이즈 디스 프레쉬?

며칠까지 두고 먹을 수 있어요?

For how many days does it stay fresh?

포 하우 매니 데이즈 더즈 잇 스테이 프레쉬?

케익을 사고 싶은데, 양초도 주나요?

I want to buy a cake. Does it come with candles?

아이 원 투 바이 어 케익 더짓 컴 위드 캔들스?

죄송하지만, 좀 잘라 주시겠어요?

Could you slice this for me, please?

쿠쥬 슬라이스 디스 포 미, 플리즈?

따로따로 싸 주세요.

Please pack them separately.

플리즈 팩 뎀 세퍼럿리

■ 방금 구워낸 빵입니다.

Freshly baked bread.

프레쉬리 베익트 브레드

선물할 거니까 포장해 주세요.

Please put it in a gift box.

플리즈 푸리린 어 기프트 박스

☆ 빵도 여러가지

peanut butter jelly sandwich

피넛 버러 제리 샌드위치   땅콩 버터와 잼을 넣어 만든 샌드위치(한국에서 말하는 잼을 미국에서는 흔히 젤리라고 하며 아이들 간식용으로 인기가 높음.)

white bread	와이트 브레드	식빵
garlic bread	갈릭 브레드	마늘빵
cake	케익	케익
muffin	머핀	머핀 (주로 아침 식사 때 먹는다.)
whipped cream	윕드 크림	생크림
sandwich	샌드위치	샌드위치 (주로 점심 때 먹는다.)
bagel	베이걸	베이글 (동그란 모양의 아침식사용 빵. 속에 크림치즈나 버터를 발라 먹는다.)
cupcake	컵케익	컵케익 (조그만 종이 컵에 담아 장식해서만든 케익 형태의 빵. 후식용)
biscuit	비스킷	비스킷 (감촉이 폭신폭신한 아침식사용빵. 중간 부분을 잘라 그 속에 계란 후라이, 치즈, 베이컨, 소시지 등을 넣어 먹는다.)
cheesecake	치즈케익	치즈케익 (뉴욕의 명물 먹거리 중 하나로, 크림치즈를 잔뜩 올려서 만든 케익.)

식사하기

케익

베이글

머핀

🎧 MP3 06-11

■ 몇 분이십니까?

How many people are there in your group?

하우 매니 피플 아 데얼 인 유어 그룹?

■ 자리로 안내해 드리겠습니다. 따라 오세요.

I will show you to the table. Please follow me.

아이 윌 쑈 유 투 더 테이블. 플리즈 팔로우 미

창가 자리로 부탁합니다.

I want a table by the window, please.

아이 원 어 테이블 바이 더 윈도우, 플리즈

■ 자리가 마음에 드십니까?

Is this table satisfactory?

이즈 디스 테이블 세리스팩터리?

■ 우선 마실 것 주문하시겠어요?

Do you want to order a drink first?

두 유 원 투 오더 어 드링크 펄스트?

가볍게 한 잔 하고 싶은데요.

I want to order something light to drink.

아이 원 투 오더 썸띵 라잇 투 드링크

브랜디 한 잔하고, 칵테일 한 잔 주세요.

One glass of brandy and one cocktail, please.

원 글래소브 브랜디 앤 원 칵테일, 플리즈

일단 맥주 2병 주세요.

We will start with two bottles of beer, first.

위 윌 스탈트 위드 투 바를소브 비어, 펄스트

얼음만 넣은 스카치 주세요.

Scotch on the rocks, please.

스카치 온 더 락스, 플리즈

이 맥주는 김이 빠진 것 같네요.

This beer seems to be flat.

디스 비어 씸즈 투 비 플랫

한국의 카스와 맛이 비슷하네요.

It has a similar taste to CASS from Korea.

잇 해즈 어 씨머러 테이스투 캐스 프롬 코리아

식사하기

useful word		
마티니	martini	말티니
맥주	beer	비얼
브랜디	brandy	브랜디
샴페인	champagne	샴페인
	bubbly	버블리
와인	wine	와인
위스키	whisky	위스키
코냑	cognac	코냑
스트레이트	straight	스트뤠잇
얼음만 넣어서	on the rock	온 더 락

안주는 뭐가 좋아요?

What side dishes do you recommend?

왓 사이드 디쉬즈 두 유 레커멘드?

추천해 주세요.

Please recommend something.

플리즈 레커멘드 썸띵

뭐든 추천하는 것으로 주세요.

I will take whatever you recommend.

아이 윌 테익 와레버 유 레커멘드

안티파스토로 주세요.

I will take an anti-pasto dish.

아이 윌 테익 언 안티파스토 디쉬

땅콩 같은 것 있어요?

Do you have anything like roast peanuts?

두 유 햅 애니띵 라익 로우스트 피넛츠?

그럼, 이걸로 주세요.

Then, I will take this one.

덴, 아이 윌 테익 디스 원

식사가 될 만한 것 있어요?

Do you have any meal dishes?

두 유 햅 애니 밀 디쉬즈?

☆ 미국인들이 후식이나 안주로 즐겨먹는 치즈 종류

parmesan	파르메산 치즈
팔머산	짭짤하고 고소한 맛의 단단한 치즈.
brie	브리 치즈
브리	크림 형태로 먹는 부드러운 치즈.
cheddar	체다 치즈
체덜	주황색을 띤 단단한 치즈. 영국이 원산지.
romano	로마노 치즈
로마노우	이태리 로마가 원산지로, 염소 젖으로 만든 치즈.
mozzarella	모짜렐라 치즈
모짜렐라	소젖으로 만든 쫄깃한 느낌이 드는 치즈.
blue cheese	블루 치즈
블루 치즈	푸른색 곰팡이가 들어 있는 치즈. 짠맛이 강하다.
swiss cheese	스위스 치즈
스위스 치즈	연한 미색의 단단한 치즈로, 구멍이 여기저기 뚫려있는 것이 특징. 스위스가 원산지.

식사하기

■ 맛이 어때요?

How do you like the taste?

하우 두 유 라익 더 테이스트?

약간 쓴데요.

It tastes a little bitter.

잇 테이스츠 어 리를 비러

아주 맛있어요.

It's really good.

잇츠 뤼얼리 굿

약간 독한 것 같아요.

It's a little strong for me.

잇츠 어 리를 스트롱 포 미

취할 것 같애. (혼잣말)

I feel drunk.

아이 필 드렁크

건배!

Cheers!

치얼스!

술은 좀 하는 편이세요?

Are you a heavy drinker?

아 유 어 헤비 드륑커?

예, 꽤 마십니다.

Yes, I'm quite a heavy drinker.

예스, 아임 콰잇터 헤비 드링커

술이 세시군요.

You are a heavy drinker.

유 아러 헤비 드링커

술은 전혀(조금도) 못 해요.

I don't drink at all.

아이 돈 드링크 앳 올

많이 못 마셔요.

I cannot drink too much.

아이 캔낫 드링크 투 머취

여기요, 백포도주 한 잔 주세요.

Excuse me, could I have a glass of white wine, please?

익스큐즈 미, 쿠 다이 해버 그래소브 와이트 와인, 플리즈?

■ 어떻게 만들어 드릴까요?

How would you like that?

하우 우쥬 라익 댓?

얼음만 넣어서 주세요.

On the rocks, please.

온 더 락스, 플리즈

MP3 06-14

분위기가 아주 좋군요. 동양적이고, 아담한 게.

I like the atmosphere a lot. Very Zen style, very cozy.

아이 라익 디 앳머스피어 어 랏. 베리 젠 스타일, 베리 코지.

유명한 곳이에요?

Is this a famous place?

이즈 디스 어 페이머스 플레이스?

(종업원들이) 아주 친절하네요.

They are very friendly.

데이 아 베리 프렌들리

다음에 또 와 보고 싶어요.

I would definitely like to come back again.

아이 우드 데퍼닛틀리 라익 투 컴 백 어겐

여기 계산서 주세요.

Bring me the check, please.

브링 미 더 첵, 플리즈

이번에는 제가 낼게요.

This time, it's on me.

디스 타임, 잇츠 온 미

잘 마셨습니다.

Thanks for the treat.

땡쓰 포 더 트릿

다음에는 제가 살게요.

Next time is on me.
넥스트 타임 이스 온 미

더치페이로 합시다.

Let's make it Dutch treat.
렛츠 메이킷 더취 트릿

나누어 냅시다.

Let's split the bill.
렛츠 스플릿 더 빌

거스름돈은 가지세요.

Please keep the change.
플리즈 킵 더 췌인지

Please keep the change.

☆ 계산 방식에 대해

각자 지불합시다.	Let's go Dutch.
계산을 따로따로 할까요?	Would you like seperate checks?
계산서는 하나로 해 주세요.	One check, please.
제가 계산하겠어요.	I will pick up the tab/bill.
계산은 반반씩 합시다.	Let's go fifty-fifty on the check.

식사하기

07

쇼핑하기

쇼핑 천국 미국에 가게 된다면 쇼핑리스트는 필수입니다.
지역 명물이나 쇼핑리스트 탑텐, 블로그 등에 후기 등을
참고하시면 좋습니다.

🎧 MP3 **07-1**

■ 도와드릴까요?

May I help you, sir / ma'am?
메이 아이 핼퓨, 썰 / 맴?

■ 찾으시는 거라도 있으세요?

Are you looking for something?
아 유 루킹 포 썸띵?

구경 좀 할게요.

I am just looking around.
아이 앰 저스트 루킹 어라운드

이것 좀 보여 주세요.

Can I see this one, please?
캔 아이 씨 디스 원, 플리즈?

■ 잠시만 기다리세요.

Just a moment, please.
저스터 모우먼트, 플리즈

이거 얼마예요?

How much is this?
하우 머취 이즈 디스?

다른 색깔이 있어요?

Does it come in different colors?
더짓 컴 인 디퍼런트 컬러스?

가방 매장은 어디죠?

Where can I find a luggage store?

웨얼 캔 아이 파인더 러기쥐 스토어?

엘리베이터는 / 화장실은 어디에 있어요?

Where can I find an elevator / a restroom?

웨얼 캔 아이 파인드 언 엘러베이터 / 어 레스트룸?

신사복 매장은 몇 층이죠?

Which floor is men's clothing on?

위치 플로어 이즈 멘즈 클로우딩 온?

여기 몇 시에 문 닫죠?

What time do you close?

왓 타임 두 유 클로즈?

할인되나요?

Is there a discount?

이즈 데어러 디스카운트?

비싸다. / 싸다.

It's expensive / inexpensive.

잇츠 익스펜시브 / 인익스펜시브

좀더 큰 것(작은 것) 있어요?

Do you have in a bigger(smaller) size?

두 유 햅 인 어 비거(스몰러) 싸이즈?

쇼핑하기

☆ 쇼핑 필수 단어

가격	price	프라이쓰
가격표에서 50% 할인	take 50% off from the tag	
		테익 피프티 펄쎈트 어프 프롬 더 택
거스름돈	change	체인쥐
계산대	cash register	캐쉬 레지스터
골동품점	antique shop	앤틱 샵
교환	exchange	익스체인쥐
99센트 할인매장	$.99 store	나인티 나인 센트 스토어
균일 가격	flat price	플랫 프라이쓰
떨이 판매	rummage sale	러미쥐 쎄일
매장	shop	샵
면세점	duty-free shop	듀리 프리 샵
명품점	brand name shop	브랜드 네임 샵
반품	return	리턴
밧데리 별도	batteries sold separately	베러리즈 솔드 세퍼럿리
백화점	department store	디팔트먼트 스토어
벼룩시장	flea market	플리 말켓
비매품	not for sale	낫 포 쎄일
상인	merchant	멀쳔트
서점	book store	북 스토어
선물가게	gift shop	기프트 샵
세금 별도	tax not included	텍쓰 낫 인클루디드
세금 포함	tax included	텍쓰 인클루디드

세일 가격	sale price	쎄일 프라이쓰
세일 중	on sale	온 쎄일
소비세	sales tax	쎄일즈 텍쓰
손님	customer	커스터머
수퍼마켓	supermarket	슈퍼말켓
시장	market	말켓
식료품점	grocery store	그로쎄리 스토어
신용카드	credit card	크레딧 칼드
영수증	receipt	리씨트
의류용품점	clothing store	클로딩 스토어
잔돈	change	체인쥐
잡화점	drugstore	드럭 스토어
재고 정리 세일	clearance sale	클리어런쓰 쎄일
정상 가격	original price	오리지널 프라이쓰
지불하다	pay	페이
카드 결제	pay by credit card	페이 바이 크레딧 칼드
탈의실	fitting room	피링 룸
판매사원	sales person	쎄일즈 펄쓴
폐업 세일	going-out-of business sale	
	고잉 아웃 오브 비즈니스 쎄일	
한 개 사면 한 개 공짜	buy one get one free	바이 원 겟 원 프리
할인	discount	디스카운트
환불	refund	리펀드
현금결제	pay in cash	페이 인 캐쉬

쇼핑하기

🎧 MP3 07-2

모두 얼마예요?

How much is it in total?

하우 머취 이짓 인 토우를?

■ 360달러입니다.

It will be $360.

잇 윌 비 쓰리 헌드레드 앤 씩스티 달러스

이 카드 받나요?

Do you accept this card?

두 유 액셉트 디스 칼드?

■ 여기 사인 부탁합니다.

Please sign here.

플리즈 싸인 히얼

How much is it in total?

영수증 주세요.

Can I have my receipt?

캔 아이 햅 마이 뤼싯?

선물용이니까 포장해 주세요.

It's for a present. Please wrap it up in a gift box.

잇츠 포 어 프레즌트. 플리즈 뤠피럽 인 어 기프트 박스

따로따로 포장해 주세요.

Please wrap them separately.

플리즈 랩 뎀 세퍼럿리

죄송해요. 돈이 모자라네요.

I'm sorry. I'm short of money.

아임 쏘리. 아임 쇼토브 머니

좀 깎아 주세요.

Can I have a discount?

캔 아이 해버 디스카운트?

■ 많이 깎아 드린 겁니다.

We already gave you a big discount.

위 얼뤠디 게이뷰 어 빅 디스카운트

그럼 300달러에 해 주세요.

Then, can I buy it at $300?

덴, 캔 아이 바이 잇 앳 쓰리 헌드레드 달러스?

■ 더 이상은 할인이 안 됩니다.

I cannot give you an additional discount.

아이 캔낫 기뷰 앤 어디셔늘 디스카운트

■ 정찰제입니다.

Prices are fixed.

프라이시즈 아 픽스트

이건 계산한 거예요.

I already paid for this one.

아이 얼뤠디 페이드 포 디스 원

쇼핑하기

면세 확인은 어디서 받나요?

Where can I confirm tax-free?

웨얼 캔 아이 컨펌 텍스프리?

세금을 환급받을 수 있나요?

Is this tax refundable?

이즈 디스 텍스 리펀더블?

명품을 쇼핑하고 싶은데요.

I want to shop for brand name products.

아이 원 투 샵 포 브랜드 네임 프로덕츠

이 물건을 한국으로 수송해 줄 수 있나요?

Can you ship this to Korea for me?

캔 유 쉽 디스 투 코리아 포 미?

항공편으로 좀 부쳐 주세요.

Please send it by air.

플리즈 센딧 바이 에어

수수료가 얼마죠?

How much is the fee?

하우 머취 이즈 더 피?

호텔까지 배달해 주실 수 있나요?

Can you deliver this to my hotel?

캔 유 딜리버 디스 투 마이 호텔?

이거 반품되나요?

Can I return this?

캔 아이 리턴 디스?

이거 환불해 주시겠어요?

Can I have a refund on this?

캔 아이 해버 뤼펀던 디스?

어제 / 아까 산 거예요.

I bought this yesterday / earlier today.

아이 보트 디스 예스터데이 / 얼리어 투데이

다른 물건으로 바꿔 주세요.

I want to exchange it for a different one.

아이 원 투 익스체인쥐 잇 포 어 디퍼런트 원

■ 영수증 갖고 계세요?

Do you have the receipt?

두 유 햅 더 뤼싯?

작동이 안 돼요. / 움직이지 않아요. / 불량품이에요.

It doesn't work. / It doesn't move. / It's defective.

잇 더즌 월크 / 잇 더즌 무브 / 잇츠 디펙티브

■ 죄송합니다만, 이건 반품이 안 됩니다.

I'm sorry, but this is not returnable.

아임 쏘리, 벗 디스 이즈 낫 리터너블

쇼핑하기

■ 무엇을 찾으세요?

What are you looking for?

와라유 루킹 포?

카메라 있어요? / 카메라를 좀 찾고 있는데요.

Do you have cameras? / I am looking for a camera.

두 유 햅 캐머러스? / 아이 앰 루킹 포러 캐머러

이건 미국산이에요?

Is this made in America?

이즈 디스 메이딘 어메리카?

한국에서 서비스 받을 수 있어요?

Is warranty service available in Korea?

이즈 워런티 썰비스 어베일러블 인 코리아?

■ 연락처를 알려 주세요.

Can I have the contact number?

캔 아이 햅 더 컨택 넘버?

한국에서도 사용할 수 있어요?

Can I use this in Korea too?

캔 아이 유즈 디스 인 코리아 투?

이거 면세 되나요?

Is this tax-free?

이즈 디스 텍스프리?

예산은 천 달러 정도로 생각하고 있어요.

My budget is around $1000.

마이 버짓 이즈 어롸운드 원 싸우전드 달러스

이건 어떤 기능이 있어요?

What kind of special features does it have?

왓 카인더브 스페셜 피쳐스 더짓 해브?

이건 별도 판매예요?

Is this sold separately?

이즈 디스 솔드 세퍼럿리?

이것은 가격에 포함된 것인가요?

Is this included in the price?

이즈 디스 인클루디드 인 더 프라이쓰?

Tip **전자제품의 천국 Whiz, Best Buy**

뉴욕은 각 판매업소마다 가격 자율화가 실시되고 있어서 같은 제품이라도 가게 마다 가격이 천차만별이다. 그러므로 관광객이나 방문객을 상대로 바가지를 씌우는 일을 당하지 않으려면 전자제품은 이름 있는 대형 전국 체인 업소를 찾는 것이 좋다. 대형 체인 업소가 없을 경우에는 최소한 물품마다 정가가 표시되어 있는 곳에서 물건을 구입해야 한다. 믿을 수 있는 전국 체인망의 전자제품 판매 업소에는 Whiz, Best Buy가 대표적이며, 그 외 대형 할인판매점에서도 정찰제로 구입할 수 있다.

가디건 같은 건 몇 층에 있어요?

On which floor can I find cardigans?

온 위치 플로어 캔 아이 파인 카디건즈?

입어봐도 돼요?

Can I try it on?

캔 아이 트라이 잇 온?

요즘 어떤 스타일이 유행해요?

What styles are in fashion these days?

왓 스타일즈 아 인 패션 디즈 데이즈?

저한테는 좀 크네요.

It's a little big for me.

잇츠 어 리를 빅 포 미

좀 더 작은 것으로 보여 주세요.

Do you have this in a smaller size?

두 유 햅 디스 인 어 스몰러 싸이즈?

이게 맞네요.

This one fits me.

디스 원 핏츠 미

■ 손님께 아주 잘 어울리시네요.

It looks really good on you.

잇 룩스 뤼얼리 굿 온 유

헐렁헐렁하네요. / 너무 꽉 끼네요.

It's a little loose for me. / It's too tight for me.

잇츠 어 리를 루스 포 미 / 잇츠 투 타잇 포 미

너무 길어요. / 너무 짧아요.

It's too long. / It's too short.

잇츠 투 롱 / 잇츠 투 숄트

이 블라우스는 치마와 어울리지 않는군요.

This blouse doesn't go with the skirt.

디스 블라우스 더즌 고우 윗더 스컬트

이것으로 할게요.

I will take this one.

아이 윌 테익 디스 원

쇼핑하기

useful word

셔츠	shirts	셜츠
스웨터	sweater	스웨러
양말	socks	싹스
양복	business suit	비즈니스 숫
잠바	jacket / jumper	재킷 / 점펄
정장바지	trousers	트라우절즈
진	jeans	진즈
치마	skirt	스컬트
캐주얼바지	pants	팬츠
코트	coat	코우트

MP3 07-7

이런 책을 찾고 있는데요. (메모를 보여 주면서)

I am looking for this book.
아이 앰 루킹 포 디스 북

「리빙 히스토리」라는 책은 어디에 있어요?

Where can I find "Living History"?
웨얼 캔 아이 파인 "리빙 히스토리"?

의학 관련 책은 어디 있어요?

Where can I find medical books?
웨얼 캔 아이 파인 메디컬 북스?

■ 여기서 계산하고 나서 이층으로 가야 합니다. (다른 층으로 갈 때)

You have to pay for it here before going to the second floor.
유 햅 투 페이 포 잇 히어 비포 고잉 투 더 세컨 플로어

■ 전부 75달러입니다.

The total is $75.
더 토우를 이즈 쎄븐티 파이브 달러스

■ 여기 거스름돈 25달러입니다.

Here is your change, $25.
히어 이즈 유어 체인쥐, 트웨니 파이브 달러스

감사합니다.

Thank you.
땡큐

경제	financial books	파이낸셜 북스
공상 과학 소설	fantasy & science fiction	팬터씨 앤 싸이언스 픽션
단행본	single copies	씽글 카피스
만화	cartoon / comics	칼툰 / 커믹스
미술	arts	알츠
베스트셀러	bestsellers	베스트쎌러
사진	photos	포토스
어린이 도서	children's books	칠드런즈 북스
어학	language books	랭귀지 북스
여행	travel	트래블
오락 연예	entertainment	엔터테인먼트
잡지	periodicals	피어리어디컬스
저자	author	어썰
참고 서적	references	리퍼런쓰
출판사	publisher	퍼블리셔
추리 괴기 소설	mystery & thillers	미스터리 앤 드릴러

쇼핑하기

Tip 미국의 대표적인 서점

미국에서 대표적인 서점은 'Barnes and Noble'과 'Borders'가 있다. 이 두 서점의 대부분은 서점 안에 스타벅스와 같은 커피숍이 있어서 커피를 마셔가며 책을 읽어볼 수 있다.

이거랑 같은 화장품 있어요?

Do you have the same cosmetic as this one?

두 유 햅 더 쎄임 코스메틱 애즈 디스 원?

■ 그 제품은 이제 안 나옵니다.

That product is discontinued now.

댓 프로덕트 이즈 디스컨티뉴드 나우

이거랑 비슷한 제품이 있으면 보여 주세요.

Please show me what you have that is similar to this one.

플리즈 쇼 미 왓 유 햅 댓 이즈 씨머러 투 디스 원

향수 좀 보여 주세요.

Can I see some perfumes?

캔 아이 씨 썸 퍼퓸즈?

테스트용 제품 있어요?

Do you have a sample or a tester?

두 유 해버 쌤플 오어 러 테스터?

■ 손님께는 이게 맞으실 것 같습니다.

I think this one will suit you the best.

아이 띵크 디스 원 윌 수츄 더 베스트

■ 이건 덤으로 드리는 거예요.

This is a complimentary gift.

디스 이즈 어 캄플러멘터리 기프트

건성 피부용	for dry skins	포 드롸이 스킨스
립스틱	lipsticks	립스틱스
민감성 피부용	for sensitive skins	포 센써티브 스킨스
영양 크림	moisturizing cream	모이스쳐라이징 크림
자외선 차단	UV protected	유브이 프로텍티드
지성 피부용	for oily skins	포 오일리 스킨스
클렌징 크림	cleansing cream	클렌징 크림
파운데이션	foundation	파운데이션
화장품	cosmetics	커스매릭스

☆ color

빨강	red	레드
주황(오렌지)	orange	어린쥐
노랑	yellow	옐로우
초록	green	그린
파랑	blue	블루
남색	navy	네이비
보라	purple	퍼플
갈색	brown	브라운
회색	gray	그레이
핑크	pink	핑크
검정	black	블랙

쇼핑하기

🎧 MP3 **07-9**

■ 발 크기가 어떻게 되세요?

What is your shoe size?

왓 이즈 유어 슈 싸이즈?

좀더 큰 걸로 주세요.

I need a bigger size.

아이 니더 비거 싸이즈

거울을 볼 수 있나요?

Do you have a mirror?

두 유 해버 미러?

이건 너무 커요. / 작아요.

It's too big. / It's too small.

잇츠 투 빅 / 잇츠 투 스몰

What is your shoe size?

딱 맞아요. / 아파요.

It fits me perfectly. / It hurts.

잇 핏츠 미 펄팩틀리 / 잇 헐츠

이 신발은 방수가 되나요?

Is this rain-proof?

이즈 디스 레인 프루프?

지금 유행하고 있는 스타일은 어느 것이에요?

Which style is the latest fashion?

위치 스타일 이즈 더 레이티스트 패션?

다리 라인이 예뻐 보이는 부츠를 찾고 있어요.

I am looking for a boot that makes my legs look pretty.

아이 앰 루킹 포러 붓트 댓 메익스 마이 렉스 룩 프리리

작은 손가방이 하나 필요해요.

I need a small carryall bag.

아이 니더 스몰 캐리올 백

동전 지갑	coin purse	코인 펄스
모자	hats and caps	햇츠 앤 캡스
손가방	carryall bag	캐리얼 백
쇼핑백	shopping bag	쇼핑 백
액세서리	accessories	엑세써리즈
여행 가방	travel suitcase	트래블 숫케이스
장갑	gloves	글로브스
종이 가방	paper bag	페이퍼 백
지갑	wallet	월릿
핸드백	handbag	핸드백

129

🎧 MP3 07-10

이건 어디 거예요?

Who is the manufacturer of this one?

후 이즈 더 매뉴팩춰러 오브 디스 원?

순금이에요?

Is this solid gold?

이즈 디스 솔리드 골드?

■ 18K / 14K / 도금 / 화이트골드입니다.

It's made in 18K / 14K / plating / white gold.

잇츠 메이딘 에잇틴 캐럿 / 폴틴 캐럿 / 플레이팅 / 와이트 골드

이것 좀 보여 주세요.

Can I see this one?

캔 아이 씨 디스 원?

다른 것도 보여 주세요.

Can you show me some different ones?

캔 유 쇼 미 썸 디퍼런트 원스?

선물이니까 포장 좀 해 주세요.

Please wrap it up in a gift box.

플리즈 뤠퍼럽 인 어 기프트 박스

이거 진짜예요?

Is this authentic?

이즈 디스 어쎈틱?

세트로 얼마예요?

How much is the set?

하우 머취 이즈 더 셋?

짧게 해 주세요. (줄이 길 때)

Please make it shorter.

플리즈 메이킷 숄터

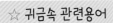

earrings(귀걸이)	ring(반지)	necklace(목걸이)
이어링스	링	넥클리스
bracelet(팔찌)	anklet(발찌)	imitation jewelry(이미테이션)
브레이슬릿	앵클릿	이미테이션 쥬얼리
pendant(메달)	beads(알)	wire(줄)
펜던트	비즈	와이어
클립형 귀걸이	clip-on earrings	클립 온 이어링스
뚫은 귀 귀걸이	pierced earrings	피얼스트 이어링스

처방전으로 안경을 맞춰 주세요.

I need to have my eyeglass prescription filled.

아이 닛 투 햅 마이 아이글래스 프리스크립션 필디드

오른쪽 렌즈를 잃어버렸어요.

I lost the lens from the right side.

아이 로스트 더 렌즈 프롬 더 롸잇 싸이드

■ 시력을 재야 합니다.

You need to have your eyes checked.

유 닛 투 햅 유어 아이즈 첵트

■ 잘 보이십니까?

Does it show clearly?

더짓 쑈 클리어리?

가격이 얼마나 될까요?

How much will the price be?

하우 머취 윌 더 프라이쓰 비?

테는 이걸로 보여 주세요.

I would like to see this frame.

아이 우드 라익 투 씨 디스 프레임

■ 잘 보이는지 한번 껴 보세요.

Please try it on to see how it looks.

플리즈 트라이 이론 투 씨 하우 잇 룩스

도수가 너무 높아요.

It's too strong for me.

잇츠 투 스트롱 포 미

잘 안 보여요.

I cannot see clearly.

아이 캔낫 씨 클리어리

어지러워요.

It makes me dizzy.

잇 메익스 미 디지

렌즈 세척액도 주세요.

I need some lens cleaner as well.

아이 니드 썸 렌즈 크리너 애즈 웰

■ 이건 덤으로 드리는 거예요.

This is a complimentary gift.

디스 이즈 어 캄플러멘터리 기프트

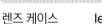
useful word

렌즈 케이스	lens case	렌즈 케이스
선글라스	sunglasses	썬글래씨즈
식염수	saline solution	세일라인 썰루션
안경	eye glasses	아이 글래씨즈
안경테	frame	플레임
콘택트 렌즈	contact lens	컨택트 렌즈

애니메이션 DVD는 어디에 있어요?

Where can I find animation DVDs?

웨얼 캔 아이 파인 애너메이션 디뷔디즈?

디즈니 영화는 어디 있어요?

Where can I find Disney movies?

웨얼 캔 아이 파인 디즈니 무비즈?

새로 나온 거예요?

Are these new releases?

아 디즈 뉴 륄리시즈?

지금 나오는 음악은 누구 거예요?

Whose music is playing on your sound system?

후즈 뮤직 이즈 플레잉 온 유어 싸운드 씨스텀?

외국 영화는 어느 쪽에 있어요?

Where can I find foreign movies?

웨얼 캔 아이 파인 포린 무비즈?

지금 가장 인기 있는 가수는 누구예요?

Who are your most popular singers?

후 아 유어 모스트 파퓰러 싱어즈?

들어볼 수 있어요?

Can I listen to this?

캔 아이 르슨 투 디스?

08

은행 · 우편

미국에서 한국으로 물건을 부칠 때는 선편이 아니라 모두 항공편으로만 보냅니다. 포장을 따로 해주지 않으므로 튼튼하게 해서 보내야 해요.

🎧 MP3 08-1

■ 번호표를 뽑아 자기 차례를 기다리세요.

Please take a number and wait for your turn.
플리즈 테이커 넘버 앤 웨잇 포 유어 턴

■ 갖고 계시는 번호가 불려지면 창구 쪽으로 오세요.

When your number is called, come to the window.
웬 유어 넘버 이즈 콜드, 컴 투 더 윈도우

계좌를 개설하고 싶은데요.

I want to open an account.
아이 원 투 오픈 앤 어카운트

한국에서 송금을 받아야 해요.

I need to have money transferred from Korea.
아이 닛 투 햅 머니 트랜스펄드 프롬 코리아

■ 저희 은행에 계좌가 있나요?

Do you have an account with us?
두 유 해번 어카운트 위더스?

지금 바로 됩니까?

Can it be done right now?
캐닛 비 던 롸잇 나우?

이쪽으로 송금을 하고 싶은데요. (계좌번호를 보여 주면서)

I want to send money to this number.
아이 원 투 센드 머니 투 디스 넘버

이거 달러로 환전 해 주세요.

Please change this money for U.S. dollar.

플리즈 췌인지 디스 머니 포 유 에스 달러

지폐를 동전으로 바꿔 주세요.

I want to exchange this bill / these bills for coins.

아이 원 투 익스췌인쥐 디스 빌 / 디즈 빌즈 포 코인스.

■ 신분증은 가지고 계세요?   (미국에서는 도장을 쓰지 않으므로, 모든 공공 업무에서는 신분증을 보자고 한다.)

Do you have some identification(ID)?

두 유 햅 썸 아이덴터피케이션(아이디)?

사진이 있는 신분증이 필요한가요?

Do you need my photo ID?

두 유 니드 마이 포토 아이디?

useful word

계좌번호	account number	어카운트 넘버
비밀번호	password	패스월드
송금	sending money	센팅 머니
신분증	photo ID	포토 아이디
여권번호	passport number	패스폴트 넘버
이자	interest	인터레스트
인출하다	withdraw	위드드러
입금	deposit	디파짓
잔고	available balance	어베일러블 밸런스
환전	money exchange	머니 익스췌인지

편·은행·우편

이거, 한국으로 보내고 싶은데요.

I need to send this to Korea.

아이 닛 투 센드 디스 투 코리아

항공편으로요. / 선편으로요. / EMS로요.

I want to send this by air / by sea / by EMS.

아이 원 투 센드 디스 바이 에어 / 바이 씨 / 바이 이엠에스

비용이 얼마죠?

How much does it cost?

하우 머취 더짓 코스트?

도착하는 데 며칠 걸리죠?

How long will it take to get there?

하우 롱 윌 잇 테익 투 겟 데얼?

오늘 부치면 언제 도착하죠?

If I mail it today, when will it get there?

이프 아이 메일 잇 투데이, 웬 윌 잇 겟 데얼?

■ 내용물이 뭐죠?

What is inside?

왓 이즈 인사이드?

책이에요. / 옷이에요.

It's a book. / There are clothes inside.

잇츠 어 북 / 데어 아 클로즈 인사이드

☆ 우체국에서 필요한 말

깨지기 쉬운 것	fragile stuff	프레절 스터프
기념품	souvenir	수버니얼
등기 우편	registered mail	레지스털드 메일
받는 사람	receiver / recipient	리씨버 / 리씨피언트
보내는 사람	sender	썬더
샘플	sample	쌤플
서류	documents	다큐멘츠
소포	small package	스몰 패키쥐
엽서	postcard	포스트 칼드
우표	stamp	스탬프
인쇄물	printed matter	프린티드 매러
주소	address	어드레스
취급주의	handle with caution	핸들 위드 커션
편지	letter	레러
항공 우편	air mail	에어 메일

🎧 MP3 08-3

등기로 보내 주세요.

I want to send this by registered mail.

아이 원 투 센드 디스 바이 레지스털드 메일

보통 / 속달로 보내 주세요.

I want to send this by regular mail / by express mail.

아이 원 투 센드 디스 바이 레귤러 메일 / 바이 익스프레스 메일

기념 우표 있어요?

Do you have commemorative stamps?

두 유 햅 커메머러티브 스템스?

그림 엽서 주세요.

I want a photo postcard.

아이 워너 포토 포스트칼드

어느 용지에 쓰면 되나요?

Which form should I fill out?

위치 폼 슈다이 필 아웃?

작성법을 가르쳐 주세요.

Can you show me how to fill it out?

캔 유 쑈 미 하우 투 피리라웃?

우편 번호를 모르니까, 가르쳐 주시겠어요?

I don't know the ZIP code. Can you tell me what it is?

아이 돈 노우 더 집 코드. 캔 유 텔 미 왓 이리즈?

09

관광하기

여러분 마음속에 담아둔 최고의 여행지는 어디인가요?
가장 즐거웠던 관광지는 어디인지 알려주세요!

나이아가라 폭포에 구경 가고 싶은데요.

I want to go to the Niagara Fall.
아이 원 투 고 투 더 나이아가라 펄

어떻게 가면 되죠?

How do I get there?
하우 두 아이 겟 데얼?

거기 가는 버스표는 어디서 구입할 수 있어요?

Where can I get a bus ticket to go there?
웨얼 캔 아이 겟 어 버스 티킷 투 고 데얼?

두 사람이면 비용이 얼마나 들까요?

How much would it cost for two?
하우 머취 우딧 코스트 포 투?

단체로 같이 가고 싶은데요.

I want to go there with a group.
아이 원 투 고 데얼 위더 그룹

당일치기로 다녀 올 수 있나요?

Can I get there and back in a day?
캔 아이 겟 데얼 앤 백 이너 데이?

어떤 코스가 있어요?

Which courses are available there?
위치 코시즈 아 어베일러블 데얼?

■ 어디를 구경하고 싶으세요?

Where do you want to go?
웨얼 두 유 원 투 고?

모두 포함해서 얼마예요?

What's the total including everything?
왓츠 더 토우를 인클루딩 에브리띵?

그걸로 해 주세요.

I will take that one.
아이 윌 테익 댓 원

디즈니랜드는 어떻게 가죠?

How do I get to the Disney Land?
하우 두 아이 겟 투 더 디즈니 랜드?

---

useful word

가이드북	guidebook	가이드 북
당일치기	within a day's distance	위디너 데이즈 디스턴스
박물관	museum	뮤지엄
안내원	tour guide	투어 가이드
유적지	historic sites	히스토릭 싸이츠
지도	map	맵
축제	festival	페스티벌
1박 2일	two days and one night	투 데이즈 앤 원 나잇
2박 3일	three days and two nights	쓰리 데이즈 앤 투 나잇츠

뉴욕 (New York)

동부 지역은 물론 세계적으로도 관광, 문화, 패션, 출판, 인터넷 산업 등의 중심지인 뉴욕 (New York)은 미대륙 동부 해안에 접하고 있다.

뉴욕은 크게 맨해턴(Manhattan), 브루클린(Brooklyn), 퀸즈(Queens), 브롱크스 (Bronx), 스테튼 섬(Staten Island) 등 5개의 구역으로 나뉘어진다.

브루클린은 특히 흑인들이 많이 거주하고 있으며, 브롱스는 라틴계가, 퀸즈는 한인을 비롯한 아시안과 중국인 등이 많이 거주하고 있는 지역이다. 뉴욕의 주된 산업과 명소들은 주로 맨해튼에 집중되어 있다.

세계적인 명품 판매업소들이 즐비하게 늘어서 있는 5번가(5th Ave.)는 쇼핑 천국으로 잘 알려져 있으며 그 외에도 세계의 경제를 좌우하는 월 스트리트(Wall St.)를 비롯, 엠파이어 스테이트 빌딩(Empire State Building), 센트럴 파크(Central Park), 브로드웨이(Broadway), 할렘(Harlem) 등 미국을 대표하는 역사적인 명소 명물들 역시 맨해튼 지역에 집중되어 있다.

샌프란시스코 (San Francisco)

태평양 연안에 접해 있는 항구 도시 샌프란시스코(San Francisco)는 캘리포니아 주(California State)에서 세 번째로 큰 도시이다. 미국 전체 12위에 해당하는 땅덩어리를 가지고 있으며, 삼면이 바다로 둘러싸여 있기도 하다.

1847년 멕시코와의 전쟁에서 미국이 승리한 후, 샌프란시스코라는 이름으로 정식 미국 영토가 되었으며, 그와 함께 금광을 캐기 위해 각지에서 사람들이 몰려들면서 골드러시(Gold Rush)가 시작된 이래 급격하게 성장을 거듭, 오늘날 세계적인 도시로 성장하는 밑바탕이 되기도 했다.

워싱턴 D.C. (Washington, D.C.)

워싱턴 D.C.는 Washington, District of Columbia를 의미한다.

초대 대통령인 죠지 워싱턴이 미국의 원래 수도인 필라델피아에서 미국 최남단인 조지아 주와 최북단인 뉴잉글랜드의 중간 지점에 있는 포토맥 강변의 주변인 지금의 워싱턴 D.C.로 수도를 옮기게 되었다.

미국의 행정 수도 답게 워싱턴 D.C.에는 미국 주요 정치 기구들이 밀집해 있을 뿐만 아니라, 세계은행, 국제통화기금 등 주요 국제기관도 이곳에 상당 수 자리하고 있다.

🎧 MP3 09-2

명소를 구경하고 싶은데요.

I would like to visit famous landmarks.

아이 우드 라익 투 비짓 페이머스 랜드막스

저건 무슨 건물이에요?

What kind of building is that?

왓 카인더브 빌딩 이즈 댓?

유명해요?

Is it famous?

이즈 잇 페이머스?

입장권을 사야 하나요?

Do I need to buy an admission ticket?

두 아이 닛 투 바이 언 어드미션 티킷?

■ 입장은 무료입니다.

Admission is free.

어드미션 이즈 프리

개관 / 폐관은 몇 시죠?

What time do you open / close?

왓 타임 두 유 오픈 / 클로즈?

일요일에도 여나요?

Are you open on Sundays too?

아 유 오픈 온 썬데이즈 투?

입구가 어디죠?

Where is the entrance?

웨얼 이즈 디 엔트런스?

한국에서 왔어요.

I'm from Korea.

아임 프롬 코리아

친구들하고 왔어요.

I am visiting with my friends.

아이 앰 비짓팅 위드 마이 프렌즈

회사 동료들과 / 혼자서 왔어요.

I came with my co-workers. / I came alone.

아이 케임 위드 마이 코 월커스 / 아이 케임 얼론

뉴욕은 처음입니다.

This is my first visit to New York.

디스 이즈 마이 펄스트 비짓 투 뉴욕

뉴욕은 두번째입니다.

This is my second visit to New York.

디스 이즈 마이 쎄컨 비짓 투 뉴욕

이곳은 여러 번 왔어요.

I've been here many times before.

아이브 빈 히어 매니 타임즈 비포어

🎧 MP3 09-3

여기서 사진을 찍어도 되나요?

Can I take photos here?

캔 아이 테익 포토스 히얼?

죄송하지만, 사진 좀 찍어 주실래요?

Excuse me, but could you take a photo for us?

익스큐즈 미, 벗 쿠쥬 테익커 포토 포러스?

여기를 누르기만 하면 됩니다.

You simply press this button.

유 씸플리 프레스 디스 버튼

준비됐나요? 자, 치-즈!

Ready? Say, Cheese!

레디? 쎄이, 치즈!

고맙습니다.

Thank you.

땡큐

기념으로 당신을 찍어도 되나요?

Do you mind if we take a picture of you for a souvenir?

두 유 마인 이퓌 테익커 픽쳐 러뷰 포러 수버니어?

주소를 가르쳐 주세요. 사진을 보내 드릴게요.

If you give me your address, I will send you a copy.

이퓨 깁 미 유어 어드레스, 아이 윌 센쥬 어 카피

어디가 유명해요?

Which places are famous?

위치 플레이시즈 아 페이머스?

센트럴 파크에 가 봤어요?

Have you been to the Central Park?

해뷰 빈 투 더 쎈트럴 팍?

거기에 가면 벚꽃을 볼 수 있어요.

You will enjoy seeing the cherry blossoms there.

유 윌 인조이 씨잉 더 체리 블라썸즈 데얼

맨해턴 유람선 타 봤어요?

Have you tried the Manhattan cruise ship?

해뷰 트라이드 더 맨해튼 크루즈 쉽?

아뇨, 아직.

No, not yet.

노, 낫 옛

Manhattan cruise ship!

한번 가 보고 싶어요.

I want to try someday.

아이 원 투 트라이 썸데이

매디슨 스퀘어 가든에 데려다 주세요.

Please take me to the Madison Square Garden.

플리즈 테익 미 투 터 매디슨 스퀘어 가든

🎧 MP3 09-5

이 근처에 놀이공원 있어요?

Is there an amusement park near here?

이즈 데어런 어뮤즈먼트 팍 니어 히얼?

1일 자유 이용권 두 장 주세요.

Two all day tickets, please.

투 올 데이 티킷츠, 플리즈

어른 두 장, 어린이 한 장 주세요.

Two adult tickets and one child ticket.

투 어덜트 티킷츠 앤 원 차일드 티킷

전부 탈 수 있나요?

Can everyone get on?

캔 에브리원 게론?

또 타고 싶어요.

I want to ride again.

아이 원 투 롸이드 어겐

아이가 있는데 괜찮을까요?

I have a small child. Will it be okay?

아이 해버 스몰 차일드. 위릿비 오우케이?

무서워요.

I'm scared.

아임 스케얼드

150

저건 다신 타고 싶지 않아요.

I never want to ride that again.

아이 네버 원 투 라이드 댓 어겐

길을 잃어버렸어요.

I'm lost.

아임 로스트

출구가 어디죠?

Where is the exit?

웨얼 이즈 디 엑싯?

몇 시까지 해요?

How late are you open?

하우 레잇 아 유 오픈?

How late are you open?

Tip **뉴욕에서 가 볼만한 놀이공원**

아스트로랜드 놀이공원(Astroland Amusement Park)
브루클린 코니 아일랜드에 위치한 '아스트로랜드 놀이공원'은 미국에서 최초이자 가장 긴 역사를 자랑하는 놀이공원이기도 하다. 세계 최초의 유명한 롤러코스트 인 '사이클론'이 바로 이곳에서 세워져 처음으로 세상에 선을 보이기도 했다.

미국 자연사 박물관(American Museum of Natural History)
1869년 '자연과 인간과의 대화'를 테마로 세워진 미국 자연사 박물관은 현재 동물학, 지리학, 인류학, 생물학 등 자연과학의 전 분야에 걸쳐 3천5백만 점에 이르는 소장품을 자랑하고 있다. 그러나 일반인들에게 공개되고 있는 것은 이중 2%에 불과하다고.

🎧 MP3 09-6

수영모자를 꼭 써야 하나요?

Do I have to wear a swimming cap?

두 아이 햅 투 웨어 어 스위밍 캡?

타올을 좀 주세요.

Can I have some towels, please?

캔 아이 햅 썸 타월즈, 플리즈?

남녀 수영장이 따로따로 있나요?

Do you have separate swimming pool for men and women?

두 유 햅 세퍼레잇 스위밍 풀 포 멘 앤 위민?

어린이용 수영장이 있나요?

Do you have a swimming pool for children?

두 유 해버 스위밍 풀 포 칠드런?

수영장 입장료는 얼마예요?

How much is the admission?

하우 머취 이즈 디 어드미션?

야외 / 실내 수영장을 갖추고 있나요?

Do you have an outdoor / indoor swimming pool?

두 유 해번 아웃도어 / 인도어 스위밍 풀?

물이 정말 깨끗한가요?

Is the water really clean?

이즈 더 워터 뤼얼리 클린?

☆ 수영장에서

구조대 요원	lifeguard	라이프 갈드
수상 미끄럼틀	water slide	워러 슬라이드
수영 모자	swimming cap	스위밍 캡
수영복 (남성용)	swimming pants	스위밍 팬츠
수영복 (여성용)	swimming suit	스위밍 슛
수영 신발	water shoes	워러 슈즈
수영장 소독약	chlorine	클러린
수중용 안경	goggle	거글
실내 수영장	indoor swimming pool	인도어 스위밍 풀
야외 수영장	outdoor swimming pool	아웃도어 스위밍 풀
일광	suntan	썬탠
일광용 로숀	suntan lotion	썬탠 로우션
킥보드	kickboards	킥볼즈
튜브	floaters	프로우터스
햇볕차단크림	sunblock	썬블락

10

즐기기

여행 중에 영화나 연극 같은 문화 활동뿐만 아니라 야시장이나 Bar 처럼
밤문화를 경험해 보는 것도 색다른 경험이 될 것입니다.

나이트클럽은 어디가 유명해요?

Which nightclubs are the most popular?
위치 나잇클럽스 아 더 모스트 파퓰러?

비즈니스로 접대할 수 있는 곳은 어디가 좋아요?

Which place is good for a business dinner?
위치 플레이스 이즈 굿 포러 비즈니스 디너?

걸어서 갈 수 있나요?

Is it within walking distance?
이짓 위던 워킹 디스턴스?

입장료는 얼마예요?

How much is the admission?
하우 머취 이즈 디 어드미션?

단체 할인되나요?

Is there a group discount?
이즈 데어러 그룹 디스카운트?

Hard Rock Cafe

1인당 얼마씩 내면 되죠?

How much is it per person?
하우 머취 이짓 퍼 펄슨?

혼자 들어가도 돼요?

Can I go in by myself?
캔 아이 고 인 바이 마이셀프?

어떤 쇼가 있어요?

What kinds of shows do they have?

왓 카인저브 쑈우즈 두 데이 햅?

네 사람 기본으로 시키면 얼마 정도 해요?

How much is the total for four?

하우 머취 이즈 더 토우를 포 포어?

Tip 가 볼만한 뉴욕의 유명 Bar

✳ Hard Rock Cafe
루이 암스트롱, 존 레논, 번스타인, 빌리 할리데이 등 미국을 대표하는 음악인들이 자신의 '홈'이라고 불렀을 정도로 유명한 락 카페. 뉴욕의 중심부 맨해튼에 위치하고 있어, 주변에 카네기 홀, 센트럴 파크, 타임스 스퀘어, 락펠러 센터 등이 모두 도보로 걸어갈 수 있을 정도로 가까이 이웃해 있기도 하다. 이곳에 입장하기 위한 행렬이 언제나 길게 늘어서 있는 곳.

✳ CBGB
1976년 개업한 이래 블론디와 같은 유명 뮤지션들을 배출해 낸 유명한 펑크와 얼터너티브 락 뮤직의 메카. 영업 시간은 오후 8시에 개장. 입장료 $5-10. 16세 이상 입장 가능하지만, 술은 21세 이상에게만 판매된다.

✳ China Club
믹 재거나 데이빗 보위와 같은 유명 연예인들을 종종 만나볼 수 있는 뉴욕의 유명한 나이트클럽. 실내는 그다지 화려한 편은 아니지만, 유명 연예인들이 종종 들르는 곳이기 때문에 눈요기하기에도 좋을 뿐만 아니라, 락앤롤 라이브쇼에 맞추어 춤을 추기에도 신나는 곳이다. 입장료: $20.

이 호텔에 카지노 있어요?

Do you have a casino in this hotel?

두 유 해버 커지노우 인 디스 호텔?

어떤 게임이 재미있어요?

What kind of games do you recommend?

왓 카인더브 게임즈 두 유 레커멘드?

이건 어떻게 해요?

How do you play this?

하우 두 유 플레이 디스?

처음 해봐요.

This is my first time.

디스 이즈 마이 펄스트 타임.

슬롯머신은 어디 있어요?

Where can I find a slot machine?

웨얼 캔 아이 파인더 슬롯 머쉰?

칩 주세요.

I need some chips, please.

아이 니드 썸 칩스, 플리즈

칩을 현금으로 바꿔 주세요.

I want to cash these chips in, please.

아이 원 투 캐쉬 디즈 칩스 인, 플리즈

당신이 이겼군요. / 내가 졌어요.

You won. / I lost.
유 원 / 아이 로스트

그만해야 겠어요.

I am done.
아이 앰 던

오늘은 재수가 좋은데요.

I'm lucky today.
아임 럭키 투데이

뉴요커들이 가장 즐겨 찾는 카지노 도시는 인접한 뉴저지, 아틀란틱 시티에 있는 카지노들이다.

Atlantic City Hilton Casino Resort
현대와 클래식한 분위기가 조화를 이루고 있는 가장 고급스러운 카지노 중 하나. 1,800여대의 슬롯머신이 있으며, 총 면적이 6만 평방 스퀘어에 이르는 대형 카지노.

Bally's Wild Wild West
아틀란틱 시티에서 유일하게 서부 개척시대를 연상케 하는 분위기를 주제로 설계된 카지노. 비디오 포커 게임을 비롯해, 수많은 슬롯머신과 게임 테이블을 갖추고 있다.

Caesars Atlantic City Hotel Casino
로마 제국에 온 것 같은 착각을 일으키게 하는 곳. 특히 카지노를 즐기는 사람들에게 인기가 높은 곳.

두 장 주세요.

Two tickets, please.

투 티킷츠, 플리즈

몇 시부터 하나요?

What time does it start?

왓 타임 더짓 스탙트?

어떤 게 재미있어요?

Which show do you recommend?

위치 쑈 두 유 레커멘드?

연극공연을 / 콘서트를 보고 싶어요.

I want to go see a play / concert.

아이 원 투 고 씨 어 플레이 / 컨설트

「라이언킹」을 보고 싶어요.

I want to see "The Lion King".

아이 원 투 씨 더 라이언 킹

매일 공연되나요?

Is there a play every day?

이즈 데어러 플레이 에브리데이?

이 티켓은 언제까지 유효한가요?

How long is this ticket good for?

하우 롱 이즈 디스 티킷 굿 포?

내용을 잘 모르겠어요.

I don't follow the story.

아이 돈 팔로우 더 스토리

정말 멋졌어요.

It's awesome.

잇츠 어썸

대사가 너무 빠른 것 같아요.

The dialogue is too fast for me.

더 다이얼로그 이즈 투 패스트 포 미

뉴욕의 뮤지컬 티켓 가격은 오케스트라 석이라고 불리는 1층과, 메자닌이라 불리는 2층, 앞부분은 $75~100이고 나머지 2층 뒷부분과 좌우의 박스석 그리고 발코니석(3층)이 $60 정도이다.

브로드웨이 표 구하는 방법

1. 극장 매표소에서 정식 예매하기
극장 매표소(box office)에 직접 가서 정식 관람권을 구매할 수 있다. 매표소는 보통 오전 10시부터 저녁 8시까지 문을 연다.

2. 티켓 대행사를 이용하기
Ticketmaster와 TeleCharge 등 대행사를 이용하는 것인데, 전화나 인터넷 모두 credit card를 이용해서 결제하면 원하는 장소로 관람권을 우송해 주거나, 혹은 당일 공연 30분전까지 극장 매표소에서 가서 예약번호와 신분증을 보여 주고 찾으면 된다.

3. TKTS에서 반액 할인표 구입하기
TKTS는 전날까지 안 팔린 브로드웨이와 오프브로드웨이 뮤지컬과 연극 표를 모아 당일에 한해 25~50% 할인된 가격에 파는 할인 매표소. 현찰이나 Traveler's Check로만 결제 가능.

🎧 MP3 10-4

매표소는 어디에 있어요?

Where is the ticket booth?

웨얼 이즈 더 티킷 부쓰?

표 있어요?

Do you have tickets?

두 유 햅 티킷츠?

좋은 자리 남아 있어요?

Are there still good seats available?

아 데얼 스틸 굿 씻츠 어베일러블?

세 시 공연 표 어른 두 장 주세요.

Two tickets for adults for the 3:00 PM show.

투 티킷츠 포 어덜츠 포 더 쓰리 피엠 쇼우

■ 1인석밖에 없어요.

I only have a ticket for one.

아이 온리 해버 티킷 포 원

■ 따로따로 떨어져서 앉으셔야 됩니다.

You will have to sit separately.

유 윌 햅 투 씻 세퍼럿리

그럼, 안 되겠군요.

Then, I cannot take it.

덴, 아이 캔낫 테익킷

Purchase tickets by the movie title. 입장권은 영화제목으로 구입하세요.	$8 for ages 3 and up. 3세이상 8달러	Students Discount / Regular 학생 할인 / 일반
Seat Map 좌석배치도	You may be seated here. 앉으실 수 있습니다.	Students under 13 not admitted. 13세 미만 입장 금지
No smoking in the theater. 극장 내 금연	Tax is included. 세금 포함	Entrance / Exit 입구 / 출구

useful word

감독	director	디렉터
낮공연	matinee	마티네이
당일권	ticket for the day	티킷 포 더 데이
매진	sold out	솔드 아웃
무대	stage	스테이지
상영	play	플레이
수상작	award winning movie	어월드 위닝 무비
S석	S seat	에쓰 씻
영화관	movie theater	무비 씨어러
예고	preview	프리뷰
입장료	admission ticket	어드미션 티킷
주연	leading actor / actress	리딩 액터 / 액트리스
지정석	designated seat	데지네이티드 씻
표	ticket	티킷
화제작	blockbuster	블락버스터

즐기기

양키스 팀 야구 경기를 보러 가고 싶은데요.

I want to go see a Yankee's baseball game.

아이 원 투 고 씨 어 양키스 베이스볼 게임

I want to go see a baseball game.

지금 야구 시즌인가요?

Is this baseball season?

이즈 디스 베이스볼 씨즌?

축구 경기를 보고 싶어요.

I want to go see a soccer game.

아이 원 투 고 씨 어 싸커 게임.

경기는 몇 시부터예요?

What time does the game start?

왓 타임 더즈 더 게임 스탈트?

경기는 언제 끝나요?

When does the game finish?

웬 더즈 더 게임 피니쉬?

입장료는 얼마예요?

How much is the admission ticket?

하우 머취 이즈 디 어드미션 티킷?

저 선수 이름이 뭐죠?

What's the name of that player?

왓츠 더 네이머브 댓 플레이어?

경기장 입구가 어디죠?

Where is the entrance to the stadium?

웨얼 이즈 디 엔트런스 투 더 스테이디엄?

이것 가지고 경기장에 들어가도 돼요?

Can I bring this with me to the stadium?

캔 아이 브링 디스 위드 미 투 더 스테이디엄?

응원가를 좀 가르쳐 주세요.

Please teach me the cheer song.

플리즈 티취 미 더 치어 쏭

Tip 야구팀 – 메츠와 양키스

메츠 팀의 경기장은 Shea Stadium, 양키스 팀의 경기장은 Yankee Stadium이다. Shea Stadium은 퀸즈 지역, Yankee Stadium은 브롱크스 지역에 있다.

＊ Shea Stadium

주소 : 123-01 Roosevelt Ave, Flushing, NY 11368

전화 : (718) 507-8499

＊ Yankee Stadium

주소 : 50E 161st St. Bronx, NY 10451-2207

전화 : (718) 293-4300

필요한 것 모두 렌탈 되죠?

Can I rent everything that I will need?

캔 아이 렌트 에브리씽 댓 아이 윌 니드?

■ 스키 장갑은 구입하셔야 합니다.

You need to purchase ski gloves.

유 닛 투 퍼춰스 스키 글러브즈

■ 보증금을 내셔야 합니다.

You need to pay a deposit.

유 닛 투 페이 어 디파짓

리프트 1일 이용권 주세요.

I want a lift ticket for a day.

아이 워너 리프트 티킷 포러 데이

스키강습을 받고 싶어요.

I want to take a ski class.

아이 원 투 테익커 스키 클래스

초보자용은 어느 것을 타면 돼요?

Which one is for beginners?

위치 원 이즈 포 비기너스?

야간은 몇 시까지죠?

How late can I ski at night?

하우 레잇 캔 아이 스키 앳 나잇?

호텔에서 스키장까지 얼마나 걸려요?

How long does it take from the hotel to the ski area?

하우 롱 더짓 테익 프롬 더 호텔 투 더 스키 에어리아?

라커 빌리는 데 얼마예요?

How much is it to rent a locker?

하우 머춰 이짓 투 렌터 라커?

갈아입는 데가 어디죠?

Where can I change clothes?

웨얼 캔 아이 체인쥐 클로우즈?

식당은 어디죠?

Where is the cafeteria?

웨얼 이즈 더 캐퍼티어리아?

---

useful word

고글	goggle	거글
스노우 보드	snow board	스노우 볼드
스키	ski	스키
스키복	skiwear	스키웨어
스키 부츠	ski boots	스키 붓츠
스키장	ski resort	스키 리졸트
스키 폴	poles	포울스
스키 활강 코스	ski slope	스키 스로웁
스키 리프트	ski lift	스키 리프트

근처에 골프장 있어요?

Is there a golf course near here?

이즈 데어러 골프 코올스 니어 히얼?

골프를 하고 싶어요.

I want to play golf.

아이 원 투 플레이 골프

골프채를 빌리고 싶은데요.

I want to rent golf clubs.

아이 원 투 렌트 골프 클럽스

모두 빌리는 데 얼마죠?

What is the total to rent everything?

왓 이즈 더 토우를 투 렌트 에브리띵?

팁을 따로 줘야 하나요?

Should I pay tips separately?

슈다이 페이 팁스 세퍼럿리?

물수건 있어요?

Do you have wet towels?

두 유 햅 웨ㅅ 타월즈?

스윙하는 방법을 가르쳐 주세요.

Teach me how to swing, please.

티취 미 하우 투 스윙, 플리즈

동전 교환소는 어디죠?

Where can I get change?

웨얼 캔 아이 겟 체인쥐?

경품 교환소는 어디예요?

Where can I claim my prize?

웨얼 캔 아이 클레임 마이 프라이즈?

저기요, 잠깐만요. (문제가 생겼을 때)

Excuse me, please.

익스큐즈 미, 플리즈

돈을 넣어도 안 움직이는데요.

I put money in, but it doesn't start.

아이 풋 머니 인, 버릿 더즌 스탈트

가위를 좀 빌려 주세요. (스티커 사진을 찍었을 때)

Can I borrow your scissors?

캔 아이 바로우 유어 씨절즈?

저기요, 제가 딴 것을 돈으로 바꿔 주세요.

Excuse me, but can I claim my winnings?

익스큐즈 미, 벗 캔 아이 클레임 마이 위닝스?

전부 다 100달러짜리 지폐로 주세요.

I want it all in hundred dollar bills.

아이 워니롤 인 헌드레드 달러 빌스

즐기기

✱ 역, 전철 Station

창구	Ticket Window	티킷 윈도우
승차권	Ride Ticket	롸이드 티킷
동전 투입구	Insert Coins	인썰트 코인즈
거스름 돈	Change	체인지
취소	Cancel	캔쓸
호출	Announcement	어나운스먼트
갈아타기	Transfer	트랜스퍼
방향 / 방면	Direction / Destination	

디렉션 / 데스티네이션

✱ 자동판매기 Vending Machine

따뜻한 음료	Hot Drinks	핫 드링스
차가운 음료	Cold Drinks	콜드 드링스
동전 투입구	Insert Coin	인썰트 코인
100달러 지폐	A hundred Dollar Bill	

어 헌드레드 달러 빌

20살 미만은 음주 금지

No Drink Under 20

노 드링크 언더 트웨니

✱ 통신, 마크 mark

위험	Danger	데인저
뛰지 마시오	Do Not Run	두 낫 런
고장	Out of Order	아우러브 오더
코인라커	Coin Locker	코인 락커
개점 준비중	Will Open Soon	윌 오픈 순
소매치기 조심	Beware of Pickpocket	

비웨어러브 픽파킷

11

친구사귀기

해외 여행의 즐거움 중의 하나는
현지에서 새로운 친구들을 만나는 것입니다.
영어로 자신을 소개해보면 어떨까요?

안녕하세요. 만나서 반갑습니다.

How do you do? I'm pleased to meet you.

하우 두 유 두? 아임 플리즈드투 밋츄

저는 올해 24살입니다.

I am twenty-four years old.

아이 앰 트웨니 포 이어즈 올드

저는 학생입니다. / 저는 회사원입니다.

I am a student. / I work at a company.

아이 앰 어 스튜던트 / 아이 월크 앳 어 컴퍼니

저는 이곳에 배낭 여행왔어요.

I came here for backpacking trip.

아이 케임 히어 포 백패킹 트립

친구들과 / 가족들과 같이 왔어요.

I came here with my friends / my family.

아이 케임 히어 위드 마이 프렌즈 / 마이 패밀리

출장차 왔어요.

I came here on business.

아이 케임 히어 온 비즈니스

이 쪽은 제 친구예요.

This is my friend.

디스 이즈 마이 프렌드

영어는 잘 못해요.

I don't speak English very well.

아이 돈 스픽 잉글리쉬 베리 웰

잘 부탁합니다. (많이 가르쳐 주세요.)

I hope you will teach me a lot.

아이 호퓨 윌 티춰 미 얼랏

useful word

초등학생	중학생	고등학생
elementary student	junior high student	high school student
엘러먼터리 스튜던트	쥬니어 하이 스튜던트	하이 스쿨 스튜던트
주부	회사원	학교 교사
housewife	company worker	school teacher
하우스와이프	컴퍼니 월커	스쿨 티쳐
은행원	의사	변호사
teller	doctor	attorney
텔러	닥터	어털니
디자이너	자영업	공무원
designer	self-employed	government worker
디자이너	셀프 임플로이드	거번먼트 월커
요리사	미용사	모델
chef / cook	hair stylist / hairdresser	model
쉐프 / 쿡	헤어 스타일리스트 / 헤어드레써	마들
군인	기자	사업가
soldier	reporter / journalist	businessman
쏠져	리폴터 / 져널리스트	비즈니스맨

제 딸이에요 / 아들이에요 / 아내예요. (가족 소개)

This is my daughter / son / wife.

디스 이즈 마이 도러 / 썬 / 와이프

우리 가족은 네 명입니다.

We are a family of four.

위 아러 패밀리 어브 포

처음 뵙겠습니다.

How do you do?

하우 두 유 두?

신세를 많이 졌습니다. 감사합니다.

I'm grateful for all your care and kindness.

아임 그레잇플 포 올 유어 케어 앤 카인드니스

아뇨, 천만에요. 저야말로.

No, don't mention it. I'm the one who is grateful.

노, 돈 멘셔닛. 아임 더 원 후 이즈 그레잇플

따님이 아주 귀엽게 생겼네요.

Your daughter is so lovely.

유어 도러 이즈 쏘 러블리

아주 행복하시겠어요.

You must be very happy with your family.

유 머슷비 베리 해피 위드 유어 패밀리

아버지
father

어머니
mother

남동생
little brohter

할머니
grandmother

할아버지
grandfather

나
I, myself

☆ 가족을 소개할 때

가족	family	패밀리	여동생	liitl sister	리틀 씨스터
부모	parents	페어런츠	남동생	little brother	리틀 브라더
남편	husband	허즈번드	형수 / 처제 / 시누이 / 동서		
			sister-in-law		씨스터 인 로
아내	wife	와이프	처남 / 매부		
아들	son	썬	brother-in-law		브라더 인 로
딸	dauther	도러	친척	relatives	렐러팁스
할아버지	grandfather	그랜파덜	사촌	cousin	커즌
할머니	grandmother	그랜마덜	조카	nephew / niece	
			네퓨 / 니스		
아버지	father	파덜	손주	grandchildren	
어머니	mother	마덜	그랜드칠드런		
언니	big sister	빅 씨스터	시어머니(시아버지) / 장인(장모)		
오빠	big brother	빅 브라더	mother(father)-in-law		마덜(파덜) 인 로

175

🎧 MP3 11-3

같이 차라도 한잔 하실까요?

Shall we have a cup of tea?

쉘 위 해버 커퍼브 티?

실례지만 성함이 어떻게 되세요?

Excuse me, but what is your full name?

익스큐즈 미, 벗 왓 이즈 유어 풀 네임?

댁은 어디세요?

Where do you live?

웨얼 두 유 리브?

나이를 물어봐도 될까요?

Do you mind if I ask your age?

두 유 마인 이파이 애스큐어 에이쥐?

학생이신가요?

Are you a student?

아 유 어 스튜던트?

저는 여행차 왔어요.

I'm here for a tour.

아임 히얼 포러 투어

빌리지에 가고 싶은데, 같이 가 주실 수 있어요?

I want to go to the Village, Would you care to join me?

아이 원 투 고 투 더 빌리쥐, 우쥬 케어 투 조인 미?

이런 말 하기 뭐하지만….

This is not easy for me to say, but....

디스 이즈 낫 이지 포 미 투 쎄이, 벗…

당신을 좋아하는 것 같아요.

I think I like you.

아이 씽크 아이 라익큐

그는 / 그녀는 제 스타일이 아니에요.

He / She is not my style.

히 / 쉬 이즈 낫 마이 스타일

연락처를 알고 싶어요.

I would like to have your phone number.

아이 우드 라익 투 햅 유어 폰 넘버

(직함을) 어떻게 부르면 돼요?

How shall I address you?

하우 쉘 아이 어드레스 유?

미란이라고 불러 주세요.

You can call me Mi-ran.

유 캔 콜 미 미란

고향이 어디신가요?

Where is your hometown?

웨얼 이즈 유어 홈타운?

혈액형이 어떻게 되세요?

What is your blood type?

왓 이즈 유어 블러드 타입?

별자리가 뭐예요?

What is your sign?

왓 이즈 유어 싸인?

황소자리예요.

I am Taurus.

아이 앰 터러스

저랑 동갑이네요.

You are the same age as me.

유 아 더 쎄임 에이쥐 애즈 미

You are the same age as me.

제가 더 어리군요.

I am younger than you.

아이 앰 영거 댄 유

실례지만, 결혼하셨나요?

Do you mind if I ask whether you are married?

두 유 마인 이파이 애스크 웨더 유 아 매리드?

네, 했어요. / 아뇨, 아직.

Yes, I am. / No, I'm not.

예스, 아이 앰 / 노, 아임 낫

☆ 생일로 보는 별자리

염소자리
Carpricorn 캐프리코온
12/22-1/19

물병자리
Aquarius 어쿼어리어스
1/20-2/18

물고기자리
Pisces 파이시스
2/19-3/20

양자리
Aries 에어리즈
3/21-4/19

황소자리
Tarrus 터러스
4/20-5/20

쌍둥이자리
Gemini 져머나이
5/21-6/21

게자리
Cancer 캔썰
6/22-7/22

사자자리
Leo 리오
7/23-8/22

처녀자리
Virgo 벌고우
8/23-9/22

천칭자리
Libra 라이브라
8/23-9/22

전갈자리
Scorpio 스콜피오
10/23-11/21

사수자리
Sagittarius 쎄져테리어스
11/22-12/21

179

12

업무출장

모든 일은 마음먹기에 달려 있다고 합니다.
부담스러운 회사 업무로 만나더라도
예의있게 최선을 다해 이야기하려고 노력하면, 좋은 결과가 있을 것입니다.

여보세요. 브라운 씨 좀 부탁드립니다.

Hello. Can I talk to Mr. Brown, please?

헬로. 캔 아이 톡 투 미스터 브라운, 플리즈?

누구시죠?

Who am I talking to?

후 앰 아이 톡킹 투?

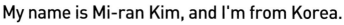

한국에서 온 김미란이라고 합니다.

My name is Mi-ran Kim, and I'm from Korea.

마이 네임 이즈 미란 김, 앤 아임 프롬 코리아

아, 저예요. 안녕하세요? 지금 어디세요?

Oh, this is she(he). How are you? Where are you calling from?

오, 디스 이즈 쉬(히). 하우 아 유? 웨얼 아 유 콜링 프롬?

뉴욕 메리엇 호텔이에요.

I'm calling from the Merriott Hotel at New York City.

아임 콜링 프롬 더 메리엇 호텔 앳 뉴욕 씨티

번거롭지 않으시면, 이쪽으로 와 주실 수 있나요?

If it is not too much trouble, could you meet me here, please?

이프 잇 이즈 낫 투 머취 트러블, 쿠쥬 밋 미 히얼, 플리즈?

길을 잘 몰라서요.

I am not sure how to get there.

아이 앰 낫 슈어 하우 투 겟 데어

죄송합니다만, 지금 브라운 씨는 출장 중이신데요.

I'm sorry, but Mr. Brown is out of town now.
아임 쏘리, 벗 미스터 브라운 이즈 아우러브 타운 나우

몇 시쯤 들어오실까요?

When do you expect him to return?
웬 두 유 익스펙트 힘 투 리턴?

전하실 말씀 있으세요?

Do you want to leave a message for him?
두 유 원 투 리브 어 메시쥐 포 힘?

김미란이 지금 메리엇호텔에 와 있다고 전해 주세요.

Please tell him that Mi-ran Kim is at Merriott Hotel now.
플리즈 텔 힘 댓 미란 김 이즈 앳 메리엇 호텔 나우

제가 전화 다시 드리겠습니다.

I will call back again.
아이 윌 콜 백 어겐

휴대폰 번호는 몇 번이죠?

What is your cellular phone number?
왓 이즈 유어 셀룰러 폰 넘버?

안녕히 계세요. (전화를 끊을 때)

Thanks. Bye.
땡쓰 바이

네, 제이플러스입니다.

Hello. Thank you for calling J-plus.

헬로. 땡큐 포 콜링 제이플러스

실례지만, 누구십니까?

Who am I talking to, please?

후 앰 아이 톡킹 투, 플리즈?

브라운 씨 좀 바꿔 주실래요?

Would you please get me Mr. Brown?

우쥬 플리즈 겟 미 미스터 브라운?

브라운 씨는 외출 중입니다.

Mr. Brown is out of the office now.

미스터 브라운 이즈 아우러브 디 오피스 나우

잠깐 끊지 말고 기다리세요.

Please hold on a second.

플리즈 홀도너 세컨

잠시만요.

Just a second, please.

저스터 세컨, 플리즈

죄송합니다. 전화 잘못 걸었습니다.

I'm sorry, but you have the wrong number.

아임 쏘리, 벗츄 햅 더 렁 넘버

☆ 전화에 관한 말

공중 전화	pay phone	페이 폰
국제 전화	international call	인터내셔널 콜
긴급 전화 번호	emergency phone number	이멀젼씨 폰 넘버
전화 번호 안내	directory assistance	디렉토리 어씨스턴쓰
수신자 부담 전화	collect call	콜렉트 콜
수화기	telephone receiver	텔레폰 리씨버
시내 전화	local call	로컬 콜
자동 응답 전화	phone with automated message	
	폰 위드 어터메이티드 메시쥐	
잘못 걸린 전화	wrong phone number	렁 폰 넘버
장거리 전화	long distance call	롱 디스턴쓰 콜
장난 전화	prank call	프랭크 콜
전화 박스	telephone booth	텔레폰 부쓰
전화기	telephone set	텔레폰 셋
전화 번호부	telephone directory	텔레폰 디렉토리
전화 번호	telephone number	텔레폰 넘버
통화 요금	calling rate	콜링 레이트
휴대 전화	cellular phone / cellphone	쎌룰러 폰 / 쎌폰

Hello?

브라운 씨와 만나기로 약속했습니다만….

I have an appointment with Mr. Brown.
아이 해번 어포인먼트 위드 미스터 브라운

한국에서 온 김미란입니다.

I'm Mi-ran Kim from Korea.
아임 미란 김 프롬 코리아

안녕하세요? 처음 뵙겠습니다.

How do you do? Glad to meet you.
하우 두 유 두? 글래투 밋츄

저는 김미란이라고 합니다.

My name is Mi-ran Kim.
마이 네임 이즈 미란 김

Mi-ran Kim

이건 저의 조그마한 감사의 표시예요.

This is a small token of my appreciation.
디스 이즈 어 스몰 토우크너브 마이 어프리쉬에이션

항상, 감사합니다.

Thank you, as always.
땡큐, 애즈 얼웨이즈

길은 바로 찾으셨습니까?

Did you have any problem getting here?
디쥬 햅 애니 프라브럼 게링 히얼?

(미국 직장에서는 웬만하면 이름에 직함을 붙이지 않고 Mr. 혹은 Ms. 를 붙여 부른다. 여성의 경우 결혼 여부를 잘 알 수 없을 때는 Ms. 로 칭하면 무난하다.)

조금 헤맸지만, 약도 덕분에 잘 왔습니다.

I had a little problem, but managed to find it thanks to the map.

아이 해더 리를 프라브럼, 벗 매니쥐드 투 파인딧 땡쓰 투 더 맵

이쪽은 저희 사장님입니다.

This is the president of my company.

디스 이즈 더 프레저던터브 마이 컴퍼니

처음 뵙겠습니다. 늘 신세를 지고 있습니다.

I'm glad to meet you. We always appreciate your business.

아임 글래투 밋츄 위 얼웨이즈 어프리쉬에잇 유어 비즈니스

저희야말로.

The same goes here.

더 쎄임 고즈 히얼

앞으로도 좋은 동업자로 남길 바래요.

I hope we will remain good business partners in the future.

아이 홉 위 월 리메인 굿 비즈니스 파트너스 인 더 퓨쳐

그럼, 안녕히 계십시오. (방문처를 나올 때)

Well, then. Thank you for everything.

웰, 덴 땡큐 포 에브리띵

사장님께 안부 전해 주세요.

Please send my regards to the president.

플리즈 센드 마이 리갈즈 투 더 프레저던트

187

🎧 MP3 12-5

신제품을 보여 드리고 싶군요.

I want to show you our latest products.

아이 원 투 쑈 유 아우어 레잇티스트 프라덕츠

전에 말씀 드린 그 제품입니다.

This is the product I mentioned before.

디스 이즈 더 프라덕트 아이 멘션드 비포어

이 제품은 한국에서도 곧 출시됩니다.

This product will soon be released to the Korean market.

디스 프라덕트 윌 순 비 륄리즈드 투 더 코리언 마켓

소비자의 반응이 아주 좋습니다.

The reaction from consumers is tremendous.

더 리액션 프롬 컨슈머스 이즈 트리멘더스

디자인이 아주 멋지군요.

The design is wonderful.

더 디자인 이즈 원더플

가격이 조금 비싸군요.

It's a little pricey.

잇츠 어 리를 프라이씨

가격은 최대한 맞춰 드리겠습니다.

We will accommodate your target price as much as we can.

위 윌 어카머데잇 유어 타깃 프라이쓰 애즈 머취 애즈 위 캔 색깔별로 우선 3000개씩 발주하겠습니다.

I want to begin by ordering three thousand of each color.
아이 원 투 비긴 바이 올더링 쓰리 싸우전더브 이춰 컬러

계약서를 가져오겠습니다.

I will bring a contract.
아이 윌 브링 어 컨트랙트

모처럼 오셨으니까.

Since you are here ....
씬스 유 아 히얼

감사합니다.

I appreciate it.
아이 어프리쉬에이릿

수량과 가격을 조정해서 팩스로 연락 드리겠습니다.

We will work on the quantity and price, and fax you with a confirmation.
위 윌 월콘 더 퀀터티 앤 프라이쓰, 앤 팩슈 위더 칸퍼메이션

견적서를 뽑아서 곧 보내 드리겠습니다.

I will work on the estimate, and send it to you shortly.
아이 윌 월콘 디 에스터메잇, 앤 센딧 투 유 숄틀리

그냥 인사차 들렀습니다.

I just dropped in to say hello.
아이 저스트 드랍티드 인 투 쎄이 헬로

🎧 MP3 12-7

이 책의 판권을 사고 싶습니다.

I want to purchase the copyright to this book.
아이 원 투 퍼춰스 더 카피롸잇 투 디스 북

■ 죄송합니다만, 그 책은 이미 계약이 되었습니다.

I'm sorry, but it has already been copyrighted by someone else.
아임 쏘리, 버릿 해스 얼레뒤 빈 카피롸잇티드 바이 썸원 엘스

시리즈가 모두 몇 권짜리입니까?

How many volumes are there in the series?
하우 매니 볼륨즈 아 데얼 인 더 씨리즈?

이 책을 한국에서 출판하고 싶습니다.

I want to publish this book in Korea.
아이 원 투 퍼블리쉬 디스 북킨 코리어

견본을 받을 수 있습니까?

Can I get a sample?
캔 아이 게러 쌤플?

에이전시를 통해야 합니까?

Do I have to contact through an agency?
두 아이 햅 투 컨택트 뜨루 언 에이전씨?

저희는 직접 계약하고 싶습니다.

I want to sign a contract directly.
아이 원 투 싸이너 컨트랙트 디렉틀리

이건 제 명함입니다.

This is my business card.

디스 이즈 마이 비즈니스 칼드

자세한 것은 에이전시를 통해 연락 드리겠습니다.

I will contact you through my agency for details.

아이 윌 컨택츄 뜨루 마이 에이전씨 포 디테일스

꼭 계약이 성사되기를 바랍니다.

I really hope this contract will work out.

아이 뤼얼리 홉 디스 컨트랙트 윌 월카웃

이 책을 이대로 수입해서 팔고 싶습니다.

I want to import this book as it is to sell in my country.

아이 원 투 임포트 디스 북 애즈 잇 이즈 투 쎌 인 마이 컨트리

귀사 도서에 관심이 있습니다.

I'm interested in books published by your company.

아임 인터레스티드 인 북스 퍼블리쉬드 바이 유어 컴퍼니

주로 아동물/어학/소설/실용서를 내고 있습니다.

We mostly publish books for children / language study / novels / practical self-help books.

위 모스트리 퍼블리쉬 북스 포 췰드런 / 랭귀쥐 스터디 / 나블스 / 프랙티컬 셀프 헬프 북스

191

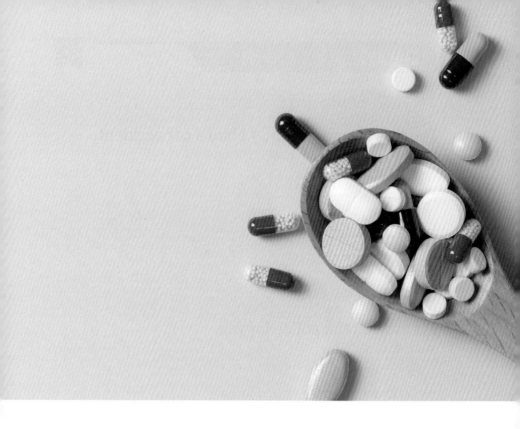

13

트러블

외국에서 일어나지 않기를 희망하는 트러블 상황입니다.
부득불 맞닥뜨린 여러 상황에서 필요한 말을 담았습니다.

🎧 MP3 13-1

교통 사고가 났어요. / 교통 사고 당했어요.

There is a car accident. / I had a car accident.

데얼 이즈 어 카 액씨던트 / 아이 해더 카 액씨던트

차에 부딪혔어요.

I was hit by a car.

아이 워즈 힛 바이 어 카

경찰을 불러 주세요.

Please call the police for me.

플리즈 콜 더 폴리스 포 미

구급차를 불러 주세요.

Please call an ambulance for me.

플리즈 콜 언 앰뷸런스 포 미

증거용 사진을 찍어 두겠습니다.

I will take photos for proof.

아이 윌 테익 포토스 포 프루프

저는 위반하지 않았습니다.

I didn't break any laws.

아이 디든 브레익 애니 로우스

피해자는 저라구요.

I am the victim.

아이 앰 더 빅텀

☆ 자동차 사고 관련용어

| 가해자 | person who has caused damage |
| | 펄쓴 후 해즈 커즈드 데미쥐 |

견인차	tow truck	토우 트럭
교통사고	car accident	카 엑시던트
목격자	eye witness	아이 위트니스
무면허 운전	driving without license	드라이빙 위다웃 라이센스
뺑소니	hit and run	힛 앤 런
속도 위반	speeding violation	스피딩 바이얼레이션
신호 위반	traffic sign violation	트래픽 싸인 바이얼레이션
안전거리 미확보	(tailgating) fail to keep a safe distance
	(톨게이링) 페일 투 킵퍼 세이프 디스턴쓰

음주 운전	drunken driving	드렁큰 드라이빙
주정차 위반	parking violation	팔킹 바이얼레이션
주차 딱지	parking ticket	팔킹 티킷
피해자	victim	빅텀
보험 처리	insurance settlement	인슈어런스 쎄를먼트
합의	settlement between two parties
	쎄를먼트 비트윈 투 팔티즈

Tip 교통사고가 났을 때

아무리 경미한 접촉 사고라도 경찰이 와서 보고서를 작성할 때까지 현장에서 기다려야 한다. 보험료를 신청할 계획이 없더라도 보고서를 반드시 기입해 두어야 뒷탈을 막을 수 있다. 상대방 운전수와 이름, 전화 번호를 교환하고, 될 수 있으면 목격자의 연락처도 알아두도록 한다. 사고가 발생하면 가능한한 빠른 시간 안에 보험회사에 연락해야 하며, 상대방 운전자의 잘못이라고 생각하면 상대방의 보험 회사에도 연락을 취해야 한다.

2. 병 · 증상 · 치료

🎧 MP3 13-2

■ 어떻게 아프세요?

In what way do you feel sick?

인 왓 웨이 두 유 필 씩?

감기 기운이 있어요.

I think I caught a cold.

아이 씽크 아이 컷터 콜드

열이 나요.

I have a fever.

아이 해버 피버

기침을 해요.

I cough.

아이 코프.

목이 아파요.

I have a sore throat.

아이 해버 쏘어 쓰롯

발목을 삐었어요.

I strained my ankle.

아이 스트레인드 마이 앵클

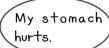

My stomach hurts.

배가 아파요.

My stomach hurts.

마이 스터먹 헐츠

196

여기가 가려워요.

It's itchy here.
잇츠 잇치 히어

뜨거운 물에 데였어요.

I scalded myself with hot water.
아이 스콜디드 마이셀프 위드 핫 워러

물집이 생겼어요.

I have a blister.
아이 해버 블리스터

생리중이에요. / 임신중이에요.

I'm on my period. / I'm pregnant.
아임 온 마이 피어리어드 / 아임 프레그넌트

아무 것도 못 먹겠어요.

I cannot eat anything.
아이 캔낫 잇 애니띵

토할 것 같아요.

I feel like throwing up.
아이 필 라익 쓰로윙 업

처방전을 주세요.

I need a prescription.
아이 니더 프리스크립션

🎧 MP3 13-3

■ 보험증 있습니까?

Do you have an insurance card?
두 유 해번 인슈어런스 칼드?

외국 사람입니다.

I'm a foreigner.
아임 어 포리너

구급차를 불러 주세요.

Please call me an ambulance.
플리즈 콜 미 언 앰뷸런스

■ 수술해야 합니다.

You need surgery.
유 니드 썰져리

언제 퇴원할 수 있죠?

When can I leave the hospital?
웬 캔 아이 리브 더 허스피를?

입원 절차를 밟아 주세요.

I want to be admitted.
아이 원 투 비 어드밋티드

한국어를 할 수 있는 직원 있어요?

Do you have staff that speaks Korean?
두 유 햅 스태프 댓 스픽스 코리언?

■ 상용하는 약이 있습니까?

Are you taking any medicine on a regular basis?
아 유 테익킹 애니 메디쓴 오너 레귤러 베이씨쓰?

■ 평소 앓고 있는 병이 있습니까?

Are you suffering from any disease?
아 유 써퍼링 프롬 애니 디지즈?

저는 알레르기 체질이에요. / 저는 꽃가루에 알레르기가 있어요.

I have allergies. / I'm allergic to pollen.
아이 해브 앨러쥐즈 / 아임 얼러직 투 폴렌

혈압이 높은 편이에요.

I have rather high blood pressure.
아이 해브 래더 하이 블러드 프레셔

저혈압 / 고혈압이에요.

I have low blood pressure / high blood pressure.
아이 해브 로 블러드 프레셔 / 하이 블러드 프레셔

빈혈이 있어요.

I'm suffering from anemia.
아임 써퍼링 프롬 어니미아

관절염이 있어요.

I am suffering from arthritis.
아이 앰 써퍼링 프롬 아쓰라이티스

내과	internal medicine	인터널 메디쓴
링거를 맞다	intravenous feed of ringer's solution	
	인터비너스 피더브 링얼스 썰루션	
맥박을 재다	check the pulse	첵 더 펄스
방사선과	radiology	레이디알러쥐
산부인과	obsterics and gynecology	
	업스테트릭 앤 가이너칼러쥐	
성형외과	plastic surgery	플래스틱 썰져리
소변 검사	urine test	유린 테스트
소아과	pediatrics	피디애트릭스
신경외과	neurosurgery	뉴어로우썰져리
안과	ophthalmology	어프썰말러쥐
엑스레이 촬영을 하다	take an X-ray picture	테익컨 엑스 레이 픽쳐
외과	surgery	썰져리
이비인후과	otorhinolaryngology	오로라이놀래잉갈러쥐
정형외과	orthopedics	얼써피딕스
주사	injection / shot	인젝션 / 샷
진찰실	examination room	이그제미네이션 룸
초음파	ultrasound	울트라싸운드
치과	dentistry	덴디스트리
피부과	dermatology	덜머달러쥐
혈압을 재다	check the blood pressure	첵 더 블러드 프레셔

☆ 증상과 처방

고혈압	high blood pressure	하이 블러드 프레셔
골절	fracture	프랙쳐
관절염	arthritis	알쓰라이리스
류마티스	rheumatism	류머티즘
설사	diarrhea	다이어리아
식중독	food poisoning	푸드 포이즈닝
신경통	neuralgia	뉴랄쟈
심폐 소생술	CPR(=cardiopulmonary resuscitation) 씨피알(칼디오펄머네리 리써씨테이션	
쇼크	shock	셔크
영양 부족	malnutrition	맬뉴트리션
외상	trauma	트라아
인공 호흡	artificial respiration	아리피셜 레스퍼레이션
임신중	pregnant	프레그넌트
저혈압	low blood pressure	로 블러드 프레셔
질식	choking	쵸우킹
콜레라	cholera	컬러라
타박상	bruise	브루즈
폐렴	pneumonia	뉴오우니아
하혈	discharging blood	디스챨징 블러드
호흡 곤란	difficulty in breathing	디피컬티 인 브리딩

지갑을 잃어버렸어요.

I lost my purse / wallet.

아이 로스트 마이 펄스 / 월릿

가방을 도둑 맞았어요.

I had my bag stolen.

아이 해드 마이 백 스톨른

지갑을 소매치기 당했어요.

I have been robbed of my wallet.

아이 해브 빈 랍드 어브 마이 월릿

■ 어디서 잃어버렸어요?

Where did you lose it?

웨어 디쥬 루짓?

백화점에서 / 서점에서 잃어버린 것 같아요.

I think I lost it at the department store / bookstore.

아이 씽크 아이 로스팃 앳 더 디파트먼트 스토어 / 북스토어

모르겠어요.

I'm not sure.

아임 낫 슈어

전철에 두고 내린 것 같아요.

I have left it on the subway.

아이 해브 레프팃 온 더 썹웨이

분실물 신고는 어디에 해야 하나요?

Where can I report lost property?

웨얼 캔 아이 리포트 로스트 프라퍼리?

가방을 잃어버렸는데 찾을 수 있을까요?

I lost my bag. Do you think I can get it back?

아이 로스트 마이 백 두 유 띵크 아이 캔 게릿 백?

아, 이거예요. 감사합니다.

Ah, this is mine. Thank you.

아, 디스 이즈 마인. 땡큐

트러블

Tip **지하철에서 물건을 잃어버렸을 때…**

전철에서 물건을 두고 내렸거나 분실했을 경우에는 유니폼을 착용한 전철 안내원에게 곧바로 이 사실을 알리도록 한다. 낯선 관광지에서 지갑을 소매치기 당하는 것 만큼 난감한 경우가 없다. 이럴 경우를 대비해서, 비상 연락처와 비상금은 항상 두 세 군데 나누어 따로 가지고 다니는 것이 안전하다.

특히 요즘 미국은 테러와의 전쟁으로 불심 검문 검색이 강화되어 있으므로, 신분증은 반드시 복사해서 호텔에 보관해 두거나, 별도 가방에 비상용으로 소지해 다니는 것이 좋다. 카드 역시 앞뒤를 모두 복사해 지갑 외의 장소에 따로 보관한다. 현찰 비상금은 50달러 혹은 100달러 지폐 한 장 정도 몸에 잘 숨기고 다니는 것이 좋다.

∩ MP3 13-5

아이가 없어졌어요.

My son / daughter is missing.

마이 썬 / 도러 이즈 미씽

미아 신고하려고 해요. 방송해 주세요.

I want to report a missing child. Please announce it.

아이 원 투 뤼폴터 미씽 차일드. 플리즈 어나운스 잇

5살 된 여자 아이예요.

She's a five-year old girl.

쉬즈 어 파이브 이어 올드 걸

그림을 그려 드릴게요.

I can draw a picture.

아이 캔 드러우 어 픽쳐

위에는 빨간색 티셔츠고, 밑에는 파란색 바지예요.

She's wearing a red T-shirt, and blue pants.

쉬즈 웨어링 어 레드 티셜츠 앤 블루 팬츠

찾았어요?

Did you find her?

디쥬 파인드 허?

정말 감사합니다.

I really appreciate it.

아이 뤼얼리 어프리쉐에이릿

여권을 잃어버렸어요.

I lost my passport.

아이 로스트 마이 패스폴트

한국 대사관 전화 번호가 몇 번이죠?

What is the phone number of the Korean embassy?

왓 이즈 더 폰 넘버러브 더 코리언 엠버씨?

신고해주세요.

Please report it for me.

플리즈 뤼폴팃 포 미

트러블

여권을 재발급해 주세요.

Please reissue my passport.

플리즈 리이슈 마이 패스폴트

How long will it take?

얼마나 걸릴까요?

How long will it take?

하우 롱 위릿 테익?

사진이 없는데, 근처에 사진관 있어요?

I don't have any ID photo. Is there a photo studio near here?

아이 돈 해브 애니 아이디 포토. 이즈 데러러 포토 스튜디오 니어 히얼?

여권용으로 뽑아 주세요. (사진관에서)

I need passport photos.

아이 니드 패스폴트 포토스

길을 잃어버렸어요.

I am lost.
아이 앰 로스트

길을 잃어버렸는데, 역까지 가는 길을 좀 가르쳐 주세요.

I'm lost. Can you show me how to get to the station?
아이 앰 로스트. 캔 유 쑈 미 하우 투 겟 투 더 스테이션?

저는 맨해튼에 있는 힐튼 호텔에 머물고 있어요.

I am staying at the Hilton Hotel in Manhattan.
아이 앰 스테잉 앳 더 힐튼 호텔 인 맨해튼

맨해튼에 있는 힐튼 호텔까지 가 주세요. (택시를 타고)

I need to go to Hilton Hotel in Manhattan.
아이 닛 투 고 투 힐튼 호텔 인 맨해튼

파출소가 어디예요?

Where is the police station?
웨얼 이즈 더 폴리스 스테이션?

죄송하지만, 요금은 도착해서 드릴게요.

Sorry, but I can't pay now. I will pay when I get there.
쏘리, 벗 아이 캔트 페이 나우. 아이 윌 페이 웨나이 겟 데얼

지갑을 소매치기 당해서 그래요.

I had my purse stolen, that's why.
아이 해드 마이 펄스 스톨른, 댓츠 와이

죄송하지만, 호텔까지 데려다 주세요.

Could you please take me to my hotel?

쿠쥬 플리즈 테익 미 투 마이 호텔?

저기요, 여기가 어딘지 좀 가르쳐 주세요.

Excuse me. Can you tell me where this is?

익스큐즈 미 캔 유 텔 미 웨얼 디스 이즈?

여기에서 메이시 백화점이 보여요. (자신의 위치를 알려줄 때)

I can see Macy's department store from here.

아이 캔 씨 메이씨스 디파트먼트 스토어 프롬 히얼

트러블

31가 109번지라고 쓰여진 건물이 있어요.

I see a building with an address '109 31st Avenue'.

아이 씨 어 빌딩 위드 언 어드레스 원 오 나인 써리 펄스트 애브뉴

여기서 우체국이 보여요.

I see a post office from here.

아이 씨 어 포스트 오피스 프롬 히얼

오셔서 저를 데려가 주실 수 있나요?

Can you come and get me?

캔 유 컴 앤 겟 미?

귀찮게 해서 죄송해요.

Sorry to bother you.

쏘리 투 바덜 유

🎧 MP3 13-8

도와 주세요.

Help.
헬프

빨리요.

Urgently!
얼전틀리!

서둘러 주세요.

Please hurry.
플리즈 헐리

급해요.

It's an emergency.
잇츠 언 이멀전씨

경찰을 불러 주세요. / 도와줄 사람을 불러 주세요.

Call the police. / Call some assistance for me.
콜 더 폴리스 / 콜 썸 어시스턴스 포 미

불이야. 불이 났어요.

Fire. There's a fire.
파이어 데얼스 어 파이어

지진입니다.

It's an earthquake.
잇츠 언 얼쓰퀘익

사람이 다쳤어요.

Someone is injured.

썸원 이즈 인절드

사람이 기절했어요. / 사람이 피를 흘려요.

Someone lost consciousness / Someone is bleeding.

썸원 로스트 칸셔스니스 / 썸원 이즈 블리딩

사람이 물에 빠졌어요.

Someone is drowning.

썸원 이즈 드라우닝

집에 도둑이 들었어요.

A thief broke into my house.

어 띠프 브로크 인투 마이 하우스

강도예요.

It's a robbery.

잇츠 어 롸버리

저 사람 총을 가졌어요.

That man is carrying a gun.

댓 맨 이즈 캐링 어 건

심장에 통증이 있어요.

I have pain in the chest.

아이 햅 페인 인 더 췌스트

🎧 MP3 13-9

바가지를 썼어요.

I got ripped off.
아이 갓 립터프

사기를 당했어요.

A con artist just ripped me off.
어 콘 아티스트 저스트 립트 미 어프

저 사람이 범인이에요.

That's him. / her.
댓츠 힘 / 허

제가 봤어요.

I saw it.
아이 쏘 잇

이거 신세를 많이 졌습니다.

I caused a lot of trouble.
아이 커즈드 얼라러브 트러블

고의가 아니었습니다.

I didn't mean to. / It wasn't intentional.
아이 디든 민 투 / 잇 워즌 인텐셔늘

몰랐습니다.

I didn't know.
아이 디든 노우

괜찮으세요?

Are you okay?
아 유 오케이?

도와 드릴까요?

Do you need help?
두 유 니드 헬프?

진정하세요.

Please calm down.
플리즈 캄 다운

정신차리세요.

Please wake up.
플리즈 웨익컵

걱정마세요. 안심하세요.

Don't worry. Take it easy.
돈 워리 테이킷 이지

경찰에 신고했어요.

I reported it to the police.
아이 뤼폴티드 잇 투 더 폴리스

제가 어떻게 해야 하죠?

What can I do for you?
왓 캔 아이 두 포 유?

트러블

14

귀국

훌륭한 여행가들이 흔히 그렇듯이,
내가 기억하는 것보다 많은 것을 보았고
내가 본 것보다 많은 것을 기억하고 있다.
-벤저민 디즈레일리

BACK

여보세요. 델타 항공이죠?

Hello. Is this Delta?

헬로 이즈 디스 델타?

예약 확인할려구요.

I want to confirm my reservation.

아이 원 투 컨펌 마이 레절베이션

■ 성함과 예약 날짜를 말씀해 주세요.

Please give me your full name and the date of the reservation.

플리즈 깁 미 유어 풀 네임 앤 더 데이터브 더 레절베이션

이름은 김미란이고, 12월 25일 출발입니다.

My name is Mi-ran Kim, and my reservation is booked for December 25.

마이 네임 이즈 미란 김, 앤 마이 레절베이션 이즈 북트 포 디쎄ㅁ버 트웨니 피프스

■ 비행편 번호는 어떻게 되시죠?

What is the flight number?

왓 이즈 더 플라잇 넘버?

DL702편입니다.

It's DL702. / The flight number is DL702.

잇츠 디 엘 쎄븐 오 투 / 더 플라잇 넘버 이즈 디 엘 쎄븐 오 투

■ 네, 확인됐습니다.

Yes, your reservation is confirmed.

예스, 유어 레절베이션 이즈 컨펌드

12월 25일편을 취소하고 싶은데요.

I want to cancel my December 25 flight.

아이 원 투 캔슬 마이 디쎄ㅁ버 트웨니 피프스 플라잇

■ 며칠로 예약을 변경하시겠습니까?

What date would you like to change your reservation to?

왓 데이트 우쥬 라익 투 체인쥐 유어 레절베이션 투?

12월 27일로 해주세요.

I want to make it on December 27.

아이 원 투 메익킷 온 디쎄ㅁ버 트웨니 쎄븐스

좌석이 있습니까?

Will there be a seat available?

윌 데얼 비 어 씻 어베일러블?

| Tip | 항공사 전화번호 |

대한한공	800-438-5000
아시아나 항공	800-227-4262
콘티넨탈 항공	800-525-0280
델타 항공	800-241-4141

귀국

저, 델타 카운터는 어디에 있어요?

Excuse me, but where is the Delta counter?

익스큐즈 미, 벗 웨얼 이즈 더 델타 카운터?

탑승 게이트는 어디입니까?

Where is my boarding gate?

웨얼 이즈 마이 볼딩 게이트?

여러 가지로 신세를 많이 졌습니다. (신세진 사람에게)

I have troubled you a lot.

아이 햅 트러블드 유 얼랏

정말 감사했습니다.

I really appreciate it.

아이 뤼얼리 어프리쉬에이릿

여기요, 계산 부탁합니다. (면세점에서)

Excuse me. I would like to pay now.

익스큐즈 미 아이 우드 라익 투 페이 나우

■ 여권과 탑승권을 보여 주세요.

Please show me your passport and boarding pass.

플리즈 쑈 미 유어 패스폴트 앤 볼딩 패스.

앗, 늦겠다. 시간이 없어요.

Oops! I'm going to be late. I'm short of time.

웁스! 아임 고잉 투 비 레잇. 아임 숄터브 타임

세관에 걸리지 않을까요?

Wouldn't I get caught at the customs check?

우든 아이 겟 콧트 앳 더 커스텀스 첵?

괜찮습니다.

It'll be okay.

이를 비 오케이

여기요. 봉투를 몇 개 좀 얻을 수 있을까요?

Excuse me, but can I get some envelopes?

익스큐즈 미, 벗 캔 아이 겟 썸 엔벌로웁스?

영수증 주세요.

I need a receipt, please.

아이 니더 뤼싯, 플리즈

■ 계산은 어떻게 하시겠습니까?

How do you want to pay?

하우 두 유 원 투 페이?

달러로 / 원으로 지불할게요.

I want to pay in dollar / in Korea won.

아이 원 투 페이 인 달러 / 인 코리아 원

미안하지만, 이거 취소해 주세요.

Could you please cancel this transaction?

쿠쥬 플리즈 캔슬 디스 트랜잭션?

귀국

☆ 주요연락처

■미국주재 한국공관

로스엔젤레스 총영사관	213-385-9300
호놀룰루 총영사관	808-595-6109
시애틀 총영사관	206-441-1011
뉴욕 총영사관	646-674-6000
샌프란시스코 총영사관	415-921-2251

■뉴욕주재 한국은행

우리은행	212-949-1900
대구은행	212-868-1075
신한은행	212-371-8000
국민은행	212-679-6100
한국은행	212-759-5121
기업은행	212-268-6363
외환은행	212-838-4949

■항공사 전화 번호

대한항공	800-438-5000
아시아나항공	800-227-4262
콘티넨탈 항공	800-525-0280
델타 항공	800-241-4141

■그 밖의 긴급전화

전화번호문의	411
범죄신고	911
화재신고	911
구급센터	911
JFK 국제공항	718-244-4444

미국의 경우 범죄, 구급의료, 화재 등등, 모든 긴급전화는 911 번호를 이용할 수 있다. 한국어 서비스도 가능하다.
(현지사정에 따라 번호가 달라질 수 있으므로 참고하시기 바랍니다.)

부록

분야별 단어

1. 요일·때를 나타내는 말

1월	January	재뉴어리
2월	February	페뷰러리
3월	March	마알취
4월	April	에이프럴
5월	May	메이
6월	June	쥰
7월	July	쥴라이
8월	August	어거스트
9월	September	셉템버
10월	October	악토우버
11월	November	노우벰버
12월	December	디쎄ㅁ버
월요일	Monday	먼데이
화요일	Tuesday	튜즈데이
수요일	Wednesday	웬즈데이
목요일	Thursday	떨즈데이
금요일	Friday	프라이데이
토요일	Saturday	쌔러데이
일요일	Sunday	썬데이
봄	spring	스프링
여름	summer	썸머
가을	fall	펄
겨울	winter	윈터
그저께	the day before yesterday	더 데이 비포어 예스터데이

내일	tomorrow	투머로우
다음주	next week	넥스트 윅
대략	approximately	어프락서멋틀리
때때로	sometimes	썸타임즈
매달	every month	에브리 먼쓰
매일	every day	에브리 데이
매주	every week	에브리 윅
모레	the day after tomorrow	더 데이 애프터 투머로우
무슨 요일	which day	위치 데이
밤	night	나잇
어제	yesterday	예스터데이
언제나	always	얼웨이즈
오늘	today	투데이
오전	morning	모닝
오후	afternoon	애프터눈
이번 주	this week	디스 윅
일주일	one week	원 윅
저녁	evening	이브닝
종종	often	어픈
주말	weekend	윅켄드
지금	now	나우
지난 주	last week	래스트 윅
평일	business workday	비즈니스 월크데이
하루 종일	all day	올 데이
깊은 밤	deep at night	딥 앳 나잇

2. 방향

남쪽	south	싸우쓰
대각선	diagonal line	다이애거늘 라인
대각선 우측	right on the diagonal line	롸잇 온 더 다이애거늘 라인
대각선 좌측	left on the diagonal line	레프트 온 더 다이애거늘 라인
동서남북	all four directions	올 포 디렉션즈
동쪽	east	이스트
뒤쪽	behind	비하인드
맞은편	across	어크로쓰
반대 방향	opposite direction	어퍼짓 디렉션
반대편	opposite side	어퍼짓 싸이드
방향	direction	디렉션
부근(근처)	vicinity	비씨너티
북쪽	north	노쓰
상하	up and down	업 앤 다운
서쪽	west	웨스트
시계 방향	clockwise	클락와이즈
시계 반대 방향	counterclockwise	카운터클락와이즈
아래쪽	bottom side	바럼 싸이드
앞쪽	front side	프론트 싸이드
옆쪽	side	싸이드
오른쪽	right side	롸잇 싸이드
왼쪽	left side	레프트 싸이드
위쪽	top side	탑 싸이드
좌우	left and right	레프트 앤 롸잇

3. 국가명 · 지명

국가	nation / country	네이션 / 컨트리
대만	Taiwan	타이완
도쿄	Tokyo	도쿄
독일	Germany	절머니
말레이시아	Malaysia	말레이지어
멕시코	Mexico	멕시코
미국	America / the U.S.	어메리커 / 더 유 에스
베이징	Beijing	베이징
벨기에	Belgium	벨젬
북한	North Korea	노쓰 코리아
브라질	Brazil	브러질
상하이	Shanghai	섕하이
서울	Seoul	서울
싱가폴	Singapore	싱거폴
스페인	Spain	스페인
영국	England	잉글런드
이태리	Italy	이털리
일본	Japan	저팬
중국	China	차이나
캐나다	Canada	캐너더
태국	Thailand	타이런드
프랑스	France	프랜스
한국	Korea	코리아
홍콩	Hong Kong	홍콩

4. 자주 쓰는 동사

가다	go	고
거절하다	decline	디클라인
걱정하다	worry	워리
끝내다	finish	피니쉬
놀다	play	플레이
놀라다	surprise	써프라이즈
들어가다	enter	엔터
들어오다	come in	컴 인
듣다	listen / hear	르슨 / 히어
들다	lift	리프트
떠나다	leave	리브
마시다	drink	드륑크
만나다	meet	밋
만들다	make	메익
말하다	speak / talk	스픽 / 턱
먹다	eat	잇
묻다	ask	애스크
믿다	trust / believe	트러스트 / 빌리브
반대하다	disagree	디스어그리
반복하다	repeat	리핏
받다	receive	리씨브
불쌍하다	pity	피티
보내다	send	쎈드
보다	see	씨

사다	buy	바이
생각하다	think	띵크
세우다	build	빌드
시작하다	begin	비긴
쓰다(글)	write	롸이트
앉다	sit	씻
알다	know	노우
알리다	announce	어나운스
얻다	get / obtain	겟 / 업테인
없다	there isn't...	데얼 이즌
오다	come	컴
원하다	want	원트
이해하다	understand	언더스탠드
일하다	work	윌크
읽다	read	뤼드
입다	wear	웨어
있다	there is...	데얼 이즈
잊어버리다	forget	폴겟
잡다	grab	그랩
조사하다	investigate	인베스터게잇
주다	give	기브
찾다	search	썰치
추천하다	recommend	레커멘드
팔다	sell	쎌
필요로 하다	need	니드

분야별단어

5. 자주 쓰는 형용사

가는	slim	슬림
가벼운	light	라이트
깨끗한	clean	클린
나쁜	bad	배드
낮은	low	로우
넓은	wide	와이드
높은	high	하이
단단한	hard	하드
더러운	dirty	덜티
두꺼운	thick	띠ㄱ
많은	a lot / plenty	얼랏 / 플렌티
무거운	heavy	헤비
부드러운	soft / gentle	소프트 / 젠틀
비싼	expensive	익스펜시브
싼	inexpensive / cheap	인익스펜시브 / 칩
아름다운	beautiful	뷰리플
얇은	thin	띤
작은	little	리틀
적은	small	스몰
좁은	narrow	내로우
좋은	good	굿
큰	big	빅
밝은	bright	브라잇트
어두운	dark	달크

6. 연결하는 말

게다가	besides	비싸이즈
결국	eventually	이벤츄얼리
과연, 역시	surely	슈어리
그러니까	so	쏘
그러면	then	덴
그런데	however	하우에버
그렇지 않을 것 같아	it doesn't seem so.	잇 더즌 씸 쏘
그리고	and	앤드
기껏해야	not so much as	낫 쏘 머취 애즈
내 말은	I mean	아이 민
내가 느끼기에	I feel	아이 필
내가 보기에	I see	아이 씨
내가 생각하기에	I think	아이 띵크
누가 아니래	You can say that again.	유 캔 쎄이 댓 어겐
누가?	who?	후
무엇을?	what?	왓
마침내	at last	앳 래스트
물론	of course	어브 컬스
뭐?(놀라움)	what?	왓
분명히	certainly	썰튼리
솔직히 말하자면	to be honest with you	투 비 어니스트 위듀
실은	actually	액츄어리
아마도	probably	프라버브리
아무래도	most probably	모스트 프라버브리

아아!	ah!	아
어?	huh?	허어
어디서?	where?	웨얼
어떻게?	how?	하우
어쨌든 간에	anyhow	애니하우
어쨌든	anyway	애니웨이
언제?	when?	웬
왜?	why?	와이
왜냐하면	because	비커즈
우선	most of all	모스터벌
적어도	at least	앳 리스트
정말?	really?	뤼얼리
즉	that is...	댓 이즈
하지만	but	벗

7. 미국의 연방 공휴일

1월 1일	New Year's Day	뉴 이얼즈 데이
7월 4일	Independence Day	인디펜던스 데이
11월 11일	Veterans Day	베터런스 데이
12월 25일	Christmas Day	크리스마스 데이
1월 셋째 월요일	Martin Luther King's Birthday	마틴 루터 킹즈 벌쓰데이
2월 셋째 월요일	Washington's Birthday	워싱턴즈 벌쓰데이
5월 마지막 월요일	Memorial Day	메모리얼 데이
9월 첫째 월요일	Labor Day	레이버 데이
10월 둘째 월요일	Columbus Day	컬럼버스 데이
11월 넷째 목요일	Thanksgiving Day	땡쓰기빙 데이

8. 의복

T셔츠	T-shirts	티셔츠
레인코트	rain coat	레인 코우트
머플러	muffler	머플러
미니스커트	mini skirt	미니 스컬트
바지	pants	팬츠
반바지	shorts	숄츠
반팔셔츠	short sleeve shirts	숄트 슬리브 셜츠
(옷을) 벗다	take off the clothes	테익 어프 더 클로우즈
블라우스	blouse	블라우스
속옷	underwears / undergarments	언더웨어즈 / 언더갈먼츠
수영복	swimming suit	스위밍 숫트
스웨터	sweater	스웨터
스타킹	stockings	스타킹스
와이셔츠	dress shirts	드레스 셜츠
원피스	dress	드레스
입다	put the clothes on	풋 더 클로우즈 온
자켓	jacket	재킷
작업복	work clothes	월크 클로우즈
조끼	vest	베스트
청바지	blue jeans	블루 진스
치마	skirt	스컬트
코트	coat	코우트
한복	traditional Korean dress	트러디셔널 코리언 드레스
모자	hat	햇

분야별단어

9. 가전제품

CD 플레이어	CD player	씨디 플레이어
DVD 플레이어	DVD player	디브이디 플레이어
MP3 플레이어	MP3 player	엠피쓰리 플레이어
PDA	PDA	피디에이
VCD 플레이어	VCD player	브이씨디 플레이어
가전	home appliances	홈 어플라이언씨스
냉장고	refrigerator	리프리져레이러
다리미	iron	아이언
디지털 레코더	digital recorder	디지를 리코더
디지털 카메라	digital camera	디지를 캐머러
라디오	radio	래이디오우
비디오	video	비디오우
선풍기	fan	팬
세탁기	washing machine	워쉥 머쉰
에어컨	air conditioner / A/C	에어 컨디셔너
오디오	audio	오디오우
워크맨	walkman	워크맨
전기밥솥	steam rice cooker	스팀 라이스 쿠커
전자렌지	microwave	마이크로웨이브
컬러TV	color TV	컬러 티브이
캠코더	camcorder	캠코더
텔레비전	television	텔러비전
휴대폰	cellular phone / mobile phone	쎌룰러 폰 / 모우바일 폰
헤어드라이어	hair dryer	헤어 드라이어

10. 고기류

달걀	egg	에그
닭고기	chicken	치킨
돼지고기	pork	폴크
소시지	sausage	써시쥐
쇠고기	beef	비프
송아지고기	veal	빌
양고기	lamb	램
햄	ham	햄

11. 어패류

가물치	snakehead	스네익크헤드
가자미	sole	쏘울
갈치	belt fish / cutlass fish	벨트 피쉬 / 컷러스 피쉬
게	crab	크랩
고등어	mackerel	맥커럴
굴	oyster	오이스터
김	nori / laver	노리 / 레이버
넙치	flounder	플라운더
멸치	anchovy	앤초우비
미역	sea weed	씨 위드
민물생선	freshwater fish	프레쉬워터 피쉬
민물장어	freshwater eel	프레쉬워터 일
바다가재	lobster	랍스터
바다장어	conger eel	캉거 일
새우	shrimp	쉬림프

분야별단어

송어	trout	트라웃
아구	monkfish	멍크피쉬
연어	salmon	쌔먼
오징어	squid / cuttlefish	스퀴드 / 커틀피쉬
잉어	carp	칼프
정어리	sardine	쌀딘
조개	clam(s)	크램
청어	herring	헤링
해산물	sea food	씨 푸드
해삼	sea cucumber	씨 큐컴버
해파리	jellyfish	젤리피쉬
홍어	skate	스케이트

12. 야채

가지	egg plant	에그 플랜트
감자	potato	퍼테이로우
고구마	sweet potato / yam	스윗 퍼테이로우 / 얌
고추	chili pepper	칠리 페퍼
당근	carrot	캐럿
마늘	garlic	갈릭
무	radish	래디쉬
배추	napa cabbage	나파 캐비쥐
버섯	mushroom	머쉬룸
부추	leek	릭
상추	lettuce	레티스
생강	ginger	진저

시금치	spinach	스피니취
야채	vegetables	베져터블스
양파	onion	어년
오이	cucumber	큐컴버
죽순	bamboo sprout	뱀부 스프라웃
콩	bean	빈
콩나물	bean sprout	빈 스프라웃
토마토	tomato	터메이토우
파	scallion / green onion	스케리언 / 그린 어년
피망	bell pepper	벨 페퍼
호박	zucchini / Pumpkin	주키니 / 펌킨
후추	pepper	페퍼

13. 과일

감	persimmon	펄씨먼
귤	mandarin orange	맨더린 어린쥐
딸기	strawberry	스트로우베리
레몬	lemon	레먼
멜론	melon	멜런
바나나	banana	버내너
밤	chestnut	췌스넛
배	pear	페어
복숭아	peach	피취
사과	apple	애플
수박	water melon	워러 메런
오렌지	orange	어린쥐

캔탈루프	cantaloupe	캔터로우프
키위	kiwi	키위
파인애플	pineapple	파인애플
포도	grape	그레이프
앵두	cherry	체리

14. 과자

과자	cookies / snacks	쿠키스 / 스낵스
사탕	candy	캔디
아이스크림	ice cream	아이스 크림

15. 음료

끓인 물	boiled water	보일드 워러
녹차	green tea	그린 티
뜨거운 음료	hot drink	핫 드링크
레모네이드	lemonade	레머네이드
물	water	워러
사이다	cider / soda	사이더 / 소다
오렌지 쥬스	orange juice	어린쥐 주스
음료	beverage	비버뤼지
음료수	drinks	드링스
진저 에일	ginger ale	진져 에일
차가운 음료	cold drink	콜드 드링크
청량 음료	soft drink	소프트 드링크
커피	coffee	커피
콜라	cola / coke	콜라 / 코욱
홍차	tea	티

16. 술

맥주	beer	비어
브랜디	brandy	브랜디
샴페인	champagne / bubbly	샴페인 / 버블리
생맥주	draft beer	드래프트 비어
와인	wine	와인
위스키	whisky	위스키
칵테일	cocktail	칵테일
코냑	cognac	코우냑
흑맥주	dark beer	다크 비어

17. 레스토랑에서

계산	pay	페이
계산서	bill / check	빌 / 첵
나이프	knife	나이프
냅킨	napkin	냅킨
디저트	dessert	디절트
레스토랑	restaurant	레스터란트
만원	full	풀
매너	manners	매널스
메뉴	menu	메뉴
메인요리	main dish	메인 디쉬
샐러드	salad	샐러드
생선요리	fish dish	피쉬 디쉬
스푼	spoon	스푼
스프	soup	숲

애피타이저	appetizer	애피타이저
예약	reservation	레절베이션
요리사	cook / chef	쿡 / 셰프
웨이터	waiter	웨이러
웨이트리스	waitress	웨이트리스
주문	order	오더
카운터	counter	카운터
코스요리	course dish	컬스 디쉬
팁	tip	팁
포크	fork	폴크

18. 거리 · 장소

건널목	crossing	크러씽
골목	alley	앨리
공원	park	팍
광장	plaza	프래저
교차로	intersection	인터섹션
교회	church	철취
내리막길	downward slope	다운워드 슬로우프
다리	bridge	브릿쥐
미술관	art museum	알트 뮤지엄
번화가	busy street	비지 스트릿
빌딩	building	빌딩
상가	commercial area	커머셜 에어리아
성당	catholic church	캐더릭 철취
시청	city hall	씨리 홀

아파트	apartment	아팔트먼트
오르막길	upward slope	업워드 슬로우프
육교	overpass	오버패스
인도	pedestrian street	페더스트리언 스트릿
절	buddhist temple	부디스트 템플
주택가	residential area	레저덴셜 에어리아
지하	underground	언더그라운드
	/ basement level	/ 베이스먼트 레블
탑	tower	타워
하천	waterway	워터웨이
호텔	hotel	호텔

19. 여행

가이드	guide	가이드
가이드북	guidebook	가이드북
관광	tour	투어
관광안내소	tour guide center	투어 가이드 쎈터
국내여행	national tour	내셔널 투어
기념관	memorial hall	메모리얼 홀
면세점	duty-free shop	듀리 프리 샵
역사적 건조물	landmark	랜드마크
박물관	museum	뮤지엄
배낭	backpack	백팩
배낭여행	backpacking travel	백팩킹 트래블
선물	gift / present	기프트 / 프레즌트
시차	time difference	타임 디퍼런스

여비	expenses	익스펜시스
여행가방	suitcase	숫케이스
여행사	tourist company	투어리스트 컴퍼니
여행자	tourist	투어리스트
왕복	each way	이치 웨이
일정	itinerary	아이티너러리
입국	arrival	얼라이벌
지도	map	맵
출국	depart	디팔트
해외여행	international tour	인터내셔널 투어

20. 기차·전철

개찰구	ticket gate	티킷 게이트
기차	train	트레인
대합실	waiting room	웨이팅 룸
막차	last train	래스트 트레인
매점	newsstand	뉴스스탠드
매표소	ticket booth	티킷 부쓰
목적지	destination	데스터네이션
분실물센터	lost and found center	로스트 앤 파운드 쎈터
식당차	dining car	다이닝 카
역	station	스테이션
완행열차	local train	로컬 트레인
왕복표	each way ticket	이취 웨이 티킷
종착역	terminal	털미널
지하철	subway	썹웨이

차표	ride ticket	롸이드 티킷
첫차	first car	펄스트 카
출발역	starting station	스탈팅 스테이션
침대차	sleeper car	슬립퍼 카
특급열차	express train	익스프레스 트레인
편도	one way	원 웨이
플랫폼	platform	플랫폼
환승	seeing off	씨잉 어프

21. 스포츠

골프	golf	골프
농구	basketball	배스킷볼
무승부	tie game	타이 게임
배구	volleyball	발리볼
배드민턴	badminton	배드민튼
수영	swimming	스위밍
스케이트	skate	스케이트
스키	ski	스키
스포츠	sports	스포츠
아마츄어	amateur	애머츄어
아시안게임	Asian game	애이젼 게임
야구	baseball	베이스볼
올림픽	Olympic	얼림픽
운동하다	exercise	엑서싸이즈
월드컵	world cup	월드컵
응원하다	cheer	치어

이기다	win the game	윈 더 게임
준결승	semi final	쎄미 파이늘
지다	lose the game	루즈 더 게임
축구	soccer	싸커
탁구	ping pong / tabel tennis	핑퐁 / 테이블 테니스
테니스	tennis	테니스
풋볼	(American)football	(어메리컨)풋볼
프로 선수	professional player	프러페셔널 플레이어

22. 영화 · 연극 · 공연

감독	director	디렉터
관중	audience	오디언스
극장	theatre / theater	씨어터
더빙	dubbing	더빙
만화영화	animation	애너메이션
매진	sold out	쏠드 아웃
매표소	box office	박스 오피스
무대	stage	스테이쥐
발레	ballet	밸레이
배우(남/녀)	actor / actress	액터 / 액트리스
비극	tragedy	트레저디
아카데미상	Academy Award	아카데미 어워드
연극	play	플레이
연기	acting	액팅
영화관	movie theater	무비 씨어터
영화제	film festival	필음 페스티벌

주인공(남/녀)	main actor / main actress	메인 액터 / 메일 액트리스
제작자	producer	프로듀서
콘서트	concert	컨썰트
특수 효과	special effect	스페셜 이펙트
할리우드	hollywood	헐리우드
흥행작	blockbuster	블락버스터
희극	comedy	카머디

23. 출판 관련

계약기간	term of contract	텀 어브 컨트랙트
교정	editing / proofreading	에딧팅 / 프루프리딩
레이아웃	layout	레이아웃
발행부수	number of prints	넘버러브 프린츠
북커버	book cover	북 커버
삽화, 일러스트	illustration	일러스트레이션
선불금	deposit	디파짓
원고	script	스크립트
인세	royalty	로열티
인쇄	print	프린트
재판	reprint	리프린트
저자	author	어써
초판발행하다	publish the first edition	퍼블리쉬 더 펄스트 에디션
출판	publishing	퍼블리싱
출판사	publishing company	퍼블리싱 컴퍼니
텍스트파일	text file	텍스트 파일
판	edition	에디션

분야별단어

판권	copyright	카피롸잇
판권계약	copyright contract	카피롸잇 컨트랙트

24. 학교

유치원	kindergarten	킨더가아튼
초등학교	elementary school	엘레멘터리 스쿨
중학교	junior high school	주니어 하이 스쿨
고등학교	high school	하이 스쿨
종합대학	university	유니벌씨리
전문대학	community college	커뮤니티 칼리쥐
공립대학	public college	퍼블릭 칼리쥐
사립대학	private college	프라이벗 칼리쥐
대학원	graduate school	그레쥬에잇 스쿨
대입고사	college entrance exam	칼리지 엔트런스 이그잼
모교	alma mater	앨머 마러
선생님	teacher	티쳐
선택 과목	major of choice	메이져러브 초이스
유학생	international student	인터내셔널 스튜던트
장학금	scholarship	스칼러쉽
전공	major	메이져
졸업식	graduation ceremony	그래쥬에이션 쎄러모우니
필수 과목	required classes	리콰이어드 클래시즈
학기	school year	스쿨 이어
학비	school tuition	스쿨 튜이션
학생	student	스튜던트
학점	credit	크레딧

25. 학과, 학문

경제학	economics	이커노믹스
고고학	archeology	아키알러지
공학	engineering	엔쥐니어링
과학	science	싸이언스
교육학	education / pedagogy	에쥬케이션 / 페더고우쥐
물리	physics	피직스
법학	law	로우
사회학	social science	쏘셜 싸이언스
생물학	biology	바이알러지
수학	mathematics	매써매틱스
심리학	psychology	싸이칼러쥐
언어학	linguistics	링귀스틱스
역사학	history	히스토리
우주과학	space science	스페이스 싸이언스
의학	medical science	메디컬 싸이언스
인류학	anthropology	앤쓰로팔러쥐
인문과학	science of humanities	싸이언서브 휴매니티스
정치학	politics	팔러틱스
지리학	geography	지아그러피
천문학	astronomy	어스트라너미
철학	philosophy	필라서피
체육	sports	스포츠
컴퓨터공학	computer science	컴퓨러 싸이언스
화학	chemistry	케머스트리

분야별단어

26. 문구

가위	scissors	씨절즈
노트	notebook	노웃북
만년필	fountain pen	파운턴 펜
메모지	memo note	메모 노우트
바인더	binder	바인더
볼펜	ballpoint pen	볼포인트 펜
사인펜	marker	말커
색연필	color pencil	컬러 펜슬
샤프	automatic pencil	오터매틱 펜슬
샤프심	lead	레드
스카치테이프	clear cellophane tape	클리어 셀러페인 테이프
스테이플러	stapler	스테이플러
압정	push pin	푸쉬 핀
연필	pencil	펜슬
잉크	ink	잉크
자	ruler	룰러
전자계산기	calculator	캘큐레이터
지우개	rubber / eraser	러버 / 이레이져
클립	clip	크립
필통	pencil box	펜슬 박스
형광펜	florescent pen	플로레슨트 펜

27. 컴퓨터, 사무기기

노트북컴퓨터	notebook computer	노웃북 컴퓨러
마우스	mouse	마우스

모니터	monitor	마너터
백신프로그램	vaccine program	백씬 프로우그램
복사기	copier	카피어
부팅하다	boot	붓트
소프트웨어	software	쏘프트웨어
스캐너	scanner	스캐너
이메일	e-mail	이메일
인터넷	internet	인터넷
입력	input	인풋
저장하다	save	세이브
접속하다	log on	로그 온
출력	output	아웃풋
컴퓨터 바이러스	computer virus	컴퓨러 바이어러스
키보드	keyboard	키보오드
파일	file	파일
패스워드	password	패스월드
퍼스널 컴퓨터	personal computer / PC	퍼스널 컴퓨러
프로그램	program	프로우그램
프린터	printer	프린터
플로피디스크	floppy disk	플라피 디스크
하드웨어	hardware	하드웨어
홈페이지	home page	홈 페이쥐

28. 직종

간호사	nurse	너얼스
감독 / 연출가	director / producer	디렉터 / 프러듀서

경찰관	policeman	펄리스먼
공무원	government employee	거벌먼트 임플로이이
교수	professor	프러페서
농부	farmer	파머
목수	carpenter	카펜터
변호사	attorney	어털니
비행사	pilot	파일럿
어부	fisherman	피셔맨
엔지니어	engineer	엔쥐니어
연기자	actor / actress	액터 / 액트리스
요리사	cook / chef	쿡 / 셰프
운전사	driver	드라이버
음악가	musician	뮤지션
의사	medical doctor	메디컬 닥터
자영업	self-employed	셀프 임플로이드
작가	writer	롸이터
점원	clerk	클럭
정치가	politician	팔러티션
통번역사	translator	트랜스레이터
프로그래머	programmer	프로그래머
화가	painter	페인터
회사원	office worker	오피스 월커

29. 직무 · 직함

간부 / 상사	boss / senior	보스 / 씨녀
고문	advisor	애드바이저

과장	manager	매니저
국장	director	디렉터
담당자	person in charge	펄쓴 인 챨쥐
부사장	vice president	바이스 프레저던트
부장	department manager	디파트먼트 매니저
블루칼라	blue collar	블루 칼러
사원	employee	임플로이이
사장	president	프레저던트
세일즈맨	salesman	세일즈먼
신입직원	newly employed	눌리 임플로이드
이사	trustee / director	트러스티 / 디렉터
이사장	chief director	취프 디렉터
팀장	team leader	팀 리더
파트타임아르바이트	part timer	팔트 타이머
화이트칼라	white collar	와잇 칼러
회계/경리	book keeper	북 킵퍼

30. 신문, 방송

TV	television	텔러비전
기사(소식)	article / news	아티클 / 뉴우즈
기자	reporter / journalist	리폴터 / 져널리스트
기자회견	press conference	프레스 칸퍼런스
뉴스	news	뉴우즈
라디오	radio	래이디오우
리포터	reporter	리폴터
매스컴	mass media	매스 미디어

방송	broadcasting	브로오드캐스팅
방송국	broadcasting company	브로오드캐스팅 컴퍼니
보도	reporting	리폴팅
사건	incident	인써던트
생방송	live broadcasting	라이브 브로오드캐스팅
스캔들	scandal	스캔들
시청률	rating	레이팅
신문	newspaper	뉴우스페이퍼
아나운서	announcer	어나운서
앵커	anchor	앵커
인터뷰	interview	인터뷰
잡지	magazine	매거진
중계방송	relay broadcasting	리레이 브로오드캐스팅
채널	channel	채늘
특파원	special correspondent	스페셜 코러스판던트
편집인	editor	에디터
프로그램	program / show	프로우그램 / 쑈우

31. 경제

거래	business transaction	비즈니스 트랜잭션
견적	estimate	에스터멋
경기	economy	이커너미
경제원조	economic assistance	에커나믹 어시스턴스
계약	contract / agreement	칸트랙트 / 어그리먼트
공급	supply	써플라이
금융	finance/ banking	파이낸스 / 뱅킹

기업	corporation	코어퍼레이션
납기	delivery	딜리버리
디플레이션	deflation	디플레이션
무역	trade	트레이드
물가	prices	프라이씨스
불황	depression	디프레션
생산	production	프러덕션
손실	loss	로스
수요	demand	디맨드
수입	import	임폴트
수출	export	익스폴트
이익	profit	프라핏
이자	interest	인터러스트
인플레이션	inflation	인플레이션
적자	deficit	데퍼씻
흑자	surplus	써플러스

32. 신체

가슴	chest	체스트
관절	joint	조인트
귀	ear	이어
눈	eyes	아이즈
눈썹	eyebrow	아이브라우
다리	leg	레그
머리	head	헤드
목	neck	넥

무릎	knee	니이
발	foot	풋
발목	ankle	앵클
배	abdomen	앱더먼
뼈	bone	본
손	hand	핸드
손가락	finger	핑거
심장	heart	할트
어깨	shoulder	쇼울더
얼굴	face	페이스
엉덩이	buttocks	버턱스
위	stomach	스터먹
이	teeth	티쓰
입	mouth	마우쓰
입술	lips	립스
장	bowels	바우얼스
코	nose	노우즈
피부	skin	스킨
허리	waist / back	웨이스트 / 백

33. 약

가루약	powdered medicine	파우덜드 메디쓴
감기약	cold medicine	콜드 메디쓴
고약	plaster / patch	플래스터 / 패취
기침약	cough medicine	커프 메디쓴
두통약	headache medicine	헤데익 메디쓴

반창고	band-aid	밴드 에이드
붕대	bandage	밴디쥐
비타민	vitamine	바이터민
소화제	digestant	다이제스턴트
식전	before the meal	비포어 더 밀
식후	after the meal	애프터 더 밀
알약	tablet	태블릿
약국	pharmacy	팔머씨
연고	ointment	오인트먼트
위장약	stomach medicine	스터먹 메디쓴
진통제	pain killer	페인 킬러
처방전	prescription	프리스크립션
콘돔	condom	칸덤
피임약	contraceptive	칸트러셉티브
항생제	antibiotics	앤티바이아틱
해열제	medicine for high fever	메더씬 포 하이 피버

34. 사고

가해자	assaulter	어썰터
강도	burglar	버글러
강도	robber	라버
경찰	policeman	펄리스먼
교통사고	car accident	카 엑시던
다치다	injure / hurt	인져 / 헐트
도둑	thief	띠프
도망가다	run away	런 어웨이

범인	offender	어펜더
범죄	crime	크라임
변태	pervert	펄벌트
보험	insurance	인슈어런스
분실	loss	로스
사고	accident	액시던트
사기	cheating / swindling	칫팅 / 스윈들링
소매치기	pickpocket	픽파킷
속이다	deceive	디씨브
신고하다	report	리폴트
신원	identity	아이덴티티
안전	safety	쎄입프티
유괴	kidnapping	키드내핑
인질	hostage	하스티쥐
조사하다	investigate	인베스티게잇
증거	evidence	에비던스
증인	witness	위트니스
지갑	wallet(남성) / purse(여성)	월릿 / 펄스
지문	fingerprint	핑거프린트
체포	arrest	어레스트
피해자	victim	빅텀
혐의	suspicion	서스피션
형사	detective	디텍티브
화재	fire	파이어
훔치다	steal	스틸

현지에서 바로 통하는
여행영어회화

개정2판3쇄 / 2024년 10월 25일

발행인 / 이기선

발행처 / 제이플러스

주소 / 경기도 고양시 덕양구 향동로 217 KA1312

영업부 / 02-332-8320 편집부 / 02-3142-2520

홈페이지 / www.jplus114.com

등록번호 / 제 10-1680호

등록일자 / 1998년 12월 9일

ISBN / 979-11-5601-217-7